U0901829

河南省高校科技创新团队“资源环境统筹和生态补偿”资助（项目编号为：16IRTSTHN025）

资源富集区
经济转型路径创新研究

ZIYUAN FUJIQU
JINGJI ZHUANXING LUJING CHUANGXIN YANJIU

张国兴 刘铁军 / 等著

中国财经出版传媒集团
经济科学出版社
Economic Science Press

图书在版编目（CIP）数据

资源富集区经济转型路径创新研究/张国兴等著.
—北京：经济科学出版社，2017.12
ISBN 978-7-5141-8967-4

Ⅰ.①资…　Ⅱ.①张…　Ⅲ.①区域经济-经济转型-研究-中国　Ⅳ.①F127

中国版本图书馆CIP数据核字（2018）第005023号

责任编辑：王柳松
责任校对：齐　杰
责任印制：邱　天

资源富集区经济转型路径创新研究
张国兴　刘铁军　等著
经济科学出版社出版、发行　新华书店经销
社址：北京市海淀区阜成路甲28号　邮编：100142
编辑部电话：010-88191441　发行部电话：010-88191522
网址：www.esp.com.cn
电子邮箱：esp_bj@163.com
天猫网店：经济科学出版社旗舰店
网址：http://jjkxcbs.tmall.com
固安华明印业有限公司印装
710×1000　16开　11.25印张　210000字
2017年12月第1版　2017年12月第1次印刷
ISBN 978-7-5141-8967-4　定价：42.00元
（图书出现印装问题，本社负责调换。电话：010-88191510）

前言

资源富集区伴随着对矿产资源的大规模开发而相继兴起，在经济高速发展的同时，也使得资源富集区的资源储量濒临枯竭，给当地生态环境带来了极大破坏，因此，资源富集区从其产生的那天起，就面临着经济转型发展的战略选择。然而，资源富集区的经济转型是一个世界性难题，尤其是在当前资源富集区经济转型过程中，面临着资源性产业的衰退与援助、新旧产业接替、资源开发与补偿、经济发展与生态保护等关键性矛盾。因此，必须采取相应的制度与措施推进经济转型，构建资源富集区经济可持续发展的长效机制，并使之规范化、制度化和程序化。资源富集区经济转型不仅是经济问题，还关系到环境问题、生态问题、社会问题。这不仅需要全社会共同参与，更需要各级政府决策层和执行层强有力的部署和实施。为此，我们本着科学、务实和创新的态度，细心研读了国内外专家、学者的最新研究成果，力图写出一部符合时代要求和社会要求的资源富集区经济转型书籍。我们希望通过该书的出版和发行，能够引起社会各界和政府部门对资源富集区经济转型和可持续发展的热切关注，从而达到推动和指导实践的目的。

资源富集区经济转型是一项综合性的系统工程，非一朝一夕之功，也不是部分地区、部分部门在短期内所能达到的目标，必须经过长期艰苦的努力实践，进行不断探索，这需要全社会的共同努力。资源富集区地方政府要认真贯彻落实党中央关于资源富集区转型、推动环境保护、实现可持续发展的一系列决策，坚持正确的经济、人口、资源、环境和社会协调发展的决策，遵循经济规律和自然规律，正确处理经济增长和综合效益的统一问题，以及资源开发利用与生态环境保护的协调问题，进而推动资源富集区实现经济可持续发展、社会全面进步。本书将资源富集区经济转型的理论基础与具体实践相结合，在突出资源富集区经济发展规律的同时，注意转型目标的选择和转型路径的构建，以及制度创新的分析等。全书共12章，主要内容包括资源富集区经济转型的研究背景与研究方法、资源富集区的经济发展规律、影响因素、转型目标、“资源诅咒”预警机制、经济转型路径的对策、经济转型的评价指标体系、产业转型的制度配置等。

本书由张国兴、刘铁军、陈卓、王红娜、任建华、孙璐、马玲飞、徐龙共同撰写，其中，第1章、第12章由张国兴、马玲飞执笔，第2章由陈卓执笔，第3章、第4章、第5章由刘铁军执笔，第6章由张国兴、徐龙执笔，第7章、第8章由王红娜执笔，第9章由孙璐执笔，第10章、第11章由任建华执笔。全书由张国兴统稿。在此，非常感谢各位老师的通力合作。

本书系河南省高校科技创新团队“资源环境统筹和生态补偿”（项目编号：16IRTSTHN025）的阶段性成果。本书借鉴国内外资源富集区经济转型的思想和经验，结合资源富集区经济转型的特点，进行了资源富集区经济转型与可持续发展研究，希望对促进资源经济学学科发展尽绵薄之力，书中难免存在不足和错误之处，需要进一步深化和完善，敬请读者批评和指正。

本研究得到了河南省教育厅科技处和华北水利水电大学等单位的资金支持，我们深表感谢。我们还要感谢经济科学出版社王柳松编辑为本书的顺利出版所提供的大量无私帮助。

本书在写作过程中参考了大量相关文献，引用了国内外许多专家学者的理论、方法、学术观点和研究成果等，恕不一一注明出处，仅在参考文献中列出，疏漏之处在此谨向被遗漏的作者表示歉意，并向所有参考文献的作者表示衷心感谢。但限于著者水平，在全书的内容组织和取材上难免有许多有待商榷和错误之处，热切期望广大读者不吝赐教。

谨以此书献给所有给予我们帮助的人！

作者

2017 年 10 月

目录

1

概　述

1.1　研究背景

资源富集区是指，某一区域依托本地的资源禀赋优势，在其经济发展的某一阶段资源型产业占据经济结构的主导地位，以资源开采或初级加工产品为主的资源型经济特色突出，在区域经济分工体系中明显偏向于矿产资源贸易或森工资源贸易，此类区域被称为资源富集区。我国的资源富集区是在新中国成立以后，拥有资源禀赋的相关区域在响应国家优先发展重工业的号召下，由国家财政直接投资以及地方政府的政策扶持下，伴随着对矿产资源、森工资源的大规模开发而相继兴起的。然而，不同于西方发达国家在经济崛起中的轻纺工业化特征，中国资源型经济发展采用的是重化工业的超常规道路，实行“重工业优先”的国家级发展战略，因此，中国对煤炭、石油等不可再生资源、能源的需求相比西方国家来说更为强烈。中国的各类大型资源富集区依托当地储量丰富的矿产资源，致力于地下煤炭、石油等资源的开发，扩展、延伸资源型产品加工产业的链条，为中国经济发展和社会建设贡献了大量急需的基础能源及工业化发展中重要的原材料，但无限制的开采地下矿产资源，不仅使得资源富集区的资源储量濒临枯竭，也给当地生态环境带来了极大破坏，同时，也为中国经济社会发展带来了严重的负面影响，资源富集区实现经济转型迫在眉睫。然而，进入21世纪之后，面临着全新的国际环境和国内环境，资源富集区经济转型的背景也更加多样化。

1.1.1 国际背景

产业革命推动了世界工业化进程的飞速发展，也带来了世界经济对煤炭、钢铁等能源、矿产资源的大规模开采与使用，各地区资源损耗和生态环境破坏日益严重。资源富集区在资源濒临枯竭的时候若不能找到合适的接续替代能源或新的经济增长点，必然会导致资源富集区就此衰退。另外，由于大部分资源富集区严重依赖出售资源的经济发展路径，因此，当地经济很容易受到外部环境的影响，能源与矿产资源产品的价格波动，引起资源富集区经济衰退。从长期来看，资源富集区在经济发展过程中，由于其产业结构和政策扶持等原因，很容易出现收入差距扩大、长期经济增长滞缓等“资源诅咒”现象；再加上全球化趋势带来的世界性金融危机、全球温度上升、气候变暖与大气污染、地表下陷等生态环境压力，资源富集区面临着产业的重大战略选择，必须通过协调经济发展与生态环境之间的矛盾，提升区域可持续发展能力。

1. 金融危机后续影响与经济发展方式转变

在 2008 年国际金融危机冲击的持续后续影响下，世界经济格局仍然处在激烈的变革之中，经济发展仍然处于不稳定的状态下。这场全球化的金融危机迫使一些主要的发达国家对其经济发展中的“负债消费”模式作出调整，实行产业结构“再工业化”和“再实体化”。而一些新兴工业化国家为了改善其日益严峻的资源枯竭、环境恶化的现状，也在努力转变其过于粗放的经济增长模式。同时，采取相关政策和法律措施减少污染物排放，改善各方面的环境状况，以避免在未来经济发展中遭受能源、资源市场收缩的冲击与生态环境恶化的制约。经济学家普遍认为，快速实现资源富集区转型，发展低碳技术和绿色经济将成为新的经济增长点。因此，推动资源富集区经济转型，是世界潮流、时代主题，同时，也是全球寻求走出经济危机萧条长夜的航行灯塔。

2. 全球气候变化与资源生态环境压力

自 20 世纪后半叶以来，人类连续遭受到世界性的大规模危机。例如，环境事件、资源短缺、全球变暖、生态退化、荒漠化等，引起了世界各国对资源问题和环境问题的高度关注。例如，1972 年，在联合国召开的人类环境大会，各界人士通过商讨分析，一致通过了《人类环境宣言》，对世界各国改善资源问题和环境问题有一定的启发。1972 年，罗马俱乐部发表了《增长的极限》，这也是全世界第一份提出资源环境问题重要性的研究报告。之后，此类会议和研究成果越来越多。例如，1992 年，联合国在巴西里约热内卢召开的环境发展大会和 2002 年在巴西的约翰内斯堡的可持续发展首脑会议等，这三次会议（1972 年人类环境大会、1992 年环境发展大会、2002 年可持续发展首脑会议）是人类在全球范围内提出保护环境、实现可持续发展的三个具有历史意义的里程碑。时隔 20 年后，在 2012 年 6 月，联合国在巴西里约热内卢再次召开的可持续发展大会上，将“可持续发展和消除贫困背景下的绿色经济”确定为大会主题，表明资源生态环境与可持续发展已成为全世界关注的重大议题。

3. 资源富集区发展难题凸显

从世界范围看，无论是早期工业化国家，还是第二次世界大战后兴起的新兴经济国家，矿产资源丰裕的国家或区域在发展过程中普遍遭受了资源耗竭、生态环境破坏与区域经济衰退、人口密集度减少的影响。自 20 世纪初期开始，矿业资源的大力开发所带来的环境破坏问题和资源浪费问题凸显，并逐步引起人们的注意；五六十年代，在自然资源储量枯竭和优质接续资源替代的背景下，发达国家的部分老工业基地逐步出现经济发展衰退现象，相继沦为“工业经济发展问题区域”；直至七八十年代，发展中国家的矿产资源耗竭与矿区生态环境问题日益严重，出现了经济增长速度滞后和社会生态发展等问题，如“经济社会有总量增长而无发展速度”，政府财政、企业外债高筑，国家整体经济发展停滞等现象，越发引起人们对资源型富集区域可持续发展问题的普遍思考：区域丰裕的矿产资源开发为区域社会经济发展带来的究竟是“福”还是“祸”？近代以来，虽然成功规避“资源诅咒”的国家不乏其例，但实证研究结果仍然倾向于支持“资源诅咒”的相关命题：从长期来看，丰富的自然资源对资源富集区的经济增长是会起到滞缓作用的。

资源富集区进一步发展面临的最大难题，就是各类生产要素过度集中于资源型部门，相反，制造业、服务业等接续替代产业、非资源型产业发展则严重不足，区域经济对矿产资源开发产业及其初级资源型产品加工产业的依赖性日趋严重。再加上资源型部门的性质决定了对先进生产技术的引入力低下，因此，普遍存在能耗高、污染重的现象，且对技术经济有一定挤出效应，最终造成资源富集区高能耗、高污染、粗放型、初级化的经济发展方式。这种发展方式不仅严重破坏资源富集区的生态环境，而且经济增长风险增强，随着矿产品的价格波动，资源富集区的经济增长也会随之出现大起大落的态势。如何破解生产要素过度向资源部门集中，提升服务业竞争力，推动工业化产业链条深入发展；如何将资源富集区高能耗、高污染、粗放型经济增长方式转变为低能耗、无污染、集约型经济增长方式；如何跳出“资源优势陷阱”，进而实现资源富集区的转型发展？虽然近年来关于此类课题的研究层出不穷，但目前仍然没有系统实用的理论框架能够解决这些问题。因此，资源富集区在未来如何推进区域的可持续发展？这依然是一个世界性难题。

1.1.2 国内背景

随着全国范围内工业化经济的逐步深入，统筹发展、科学发展、绿色发展等的经济发展战略被相继提出。再加上中国各省（区、市）的资源富集区均不同程度地出现了经济增长波动、产业结构单一、生态环境恶化等问题，面临着社会经济转型的战略性选择，同时，在新的历史性经济发展时期，国家各个方面的进一步发展也对资源富集区经济转型研究提出了新的要求。

1. 资源富集区经济转型在中国经济转型中占据重要位置

2013 年 11 月，国务院根据《中华人民共和国国民经济和社会发展第十二个五年规划纲要》和《全国主体功能区规划》编制并印发了《全国资源型城市可持续发展规划（2013～2020）》，提出将以《全国资源型城市可持续发展规划（2013～2020）》作为指导全国各类资源型城市可持续发展和编制相关规划的重要依据，同时，也是研究资源富集区经济转型的重要参考。

按照《全国资源型城市可持续发展规划（2013～2020）》精神得到相关的研究成果可知，目前，中国共有 262 个资源型城市，其中，地级行政区（包括地级市、地区等）126 个，县级市 62 个，县（包括自治县、林区等）58 个，市辖区（开发区、管理区）16 个。这 262 个资源型城市分布在河北、山西、内蒙古、辽宁、吉林、黑龙江、江苏、浙江、安徽、福建、江西、山东、河南、湖北、湖南、广东、广西、海南、重庆、四川、贵州、云南、西藏、陕西、甘肃、青海、宁夏、新疆28个省（区、市）。其中，山西、内蒙古、黑龙江、陕西、青海、宁夏和新疆7个省（区）是全域的资源富集区，占据中国的31个省（区、市）[①] 的22%。无论是全省域资源富集区，还是“插花式”的资源富集区，从哪个角度讲，资源富集区在中国的人口、面积、地区、经济总量中都占有相当大的比重，不仅事关中国工业化、城市化、现代化的总体战略实现，而且在很大程度上决定了全国经济社会和改革发展的稳定大局。尤其是进入“十三五”时期以来，随着国内经济发展进入转折阶段，广大资源富集区实现经济转型发展，不仅在中国经济转型中占据重要位置，而且，已经无比紧迫地提到中国改革发展的历史日程上来。

2. 中国资源生态环境代价严重

在中国经济发展取得巨大成就的同时，高能耗、高污染与低产出的传统经济增长模式导致能源开采、环境污染和经济发展之间的矛盾日益严重。在2010年世界环境绩效指数排名中，中国在163个国家和地区中排在第121位。根据相关研究报告指出，中国西部地区经济发展对生态退化的影响较大，东部沿海地区经济发展带来了比较严重的环境污染，中部地区的经济发展则主要以资源消耗为代价。从整体看来，中国的经济增长方式主要以资源消耗的粗放型模式为主，存在资源投入多、能源消耗高、产品产出少以及运转效率低的问题，要素投入的追加是经济增长的主要动力。

3. 资源富集区的经济发展问题

改革开放后，乡镇企业的兴起与市场化经济改革，在矿产开发方面表现为国有企业、集体投入、个体投入等多种形式并存。集体企业、个体企业开采规模小、滥采滥挖现象严重。

从某种程度上讲，乡镇企业参与矿业开发推动了农村地区经济发展，整体上提升了国内经济的发展水平，但从矿业开发的角度来看，中小企业的小规模、遍地开花式的资源开采也加剧了资源与人口、环境之间的矛盾。不仅对生态环境的破坏非常严重，而且造成当地对资源经济发展模式的严重依赖。进入21世纪，这一问题更加突出，使人们不得不加以重视，这一经济—资源—环境的恶性循环，严重困扰着资源富集区的社会可持续发展。

---

① 在本书中，中国的31个省（区、市）未包含中国港澳台地区。

针对中国目前经济发展的现实，虽然以辽宁省阜新市和河南省焦作市为代表的资源富集区实现了经济成功转型，但国内大部分资源富集区仍然处于经济转型发展的探索之中，在理论和实践中缺乏具有普遍性的转型模式与发展路径，如与之配套的矿产开发收益及其分配制度、衰退产业接续援助制度、资源生态环境补偿与治理制度，等等。因此，如何采取措施推进资源富集区经济发展方式的转变，是资源富集区实现经济转型发展研究的热点议题，这不仅是国民经济发展的客观需要，也是资源富集区实现可持续发展的重要前提。资源富集区经济转型对处于工业化中期的中国而言，任务是艰巨的，对于以能源重化工产业为主体、具有高碳经济特征的资源富集区而言，更是一个巨大的挑战。

1.2 研究目的与研究意义

1.2.1 研究目的

资源富集区经济发展及其转型属于发展经济学的研究范畴，因此，本书将通过对资源富集区的理论基础进行概述，重点分析中国资源富集区的发展现状，并客观陈述资源富集区的经济发展规律，建立资源富集区经济转型的评价指标体系以及经济转型的路径模型，对国际、国内典型的资源富集区转型成功的案例进行比较分析等一系列研究，为中国资源型经济的转型发展提供重要的理论指导，对于区域发展研究和发展战略的制订将会有所借鉴。

1.2.2 研究意义

中国正处于经济转型的战略性历史时期，资源富集区更是面临着体制和经济的双重转型，一方面，资源富集区要实现从计划经济体制向市场经济体制的平稳过渡；另一方面，还要实现产业经济结构由资源型产业向多元化可持续性产业的转型。总体来看，本书对资源富集区经济转型的研究会涉及体制转轨、产业结构调整、区域协调发展等一系列问题，这将极大地丰富资源富集区经济转型理论的研究内容。

中国有262座资源型城市，资源型产业在当地经济运行体系中占有重要地位，同时，近年来由于矿产资源储量的逐步枯竭，许多地区开始面临产业的加速转型。在这种背景下，研究资源富集区产业结构的演变，分析经济转型过程中的各种生产要素对制度变迁的影响等，对于中国资源型产业经济的转型发展和社会稳定具有实际而重大的战略意义。

1.3 中外文文献研究现状

1.3.1 对资源富集区经济发展问题研究

自工业革命以来，丰富的自然资源对区域经济增长和社会发展的正面作用是显而易见的。大自然所提供的各类资源，无论是可再生资源还是非可再生资源，都是一切生产活动最直接的重要投入要素，也是一切社会经济行为的根本来源。如果一个地区在发展过程中缺少自然资源，那么，经济增长将会变成一句空话。另外，随着时代进步，人类对技术运用的深度和广度也在不断提高，对资源的利用效率也在不断深化。因此，在历史发展的任何一个时期，富饶的自然资源都能够成为一个地区巨大的发展潜力，并可以在短期内为之带来非常可观的财富。

从 19 世纪末的美国、澳大利亚、加拿大，到 20 世纪 70 年代的印度尼西亚和挪威，资源有利于经济增长的说法似乎一直在得到事实的验证。历史上这些国家通过开发利用本国相对丰富的地下矿产资源，将资源产品转化为可观的经济增长率。但历史同样证明，丰富的自然资源对国家的经济增长并非永远处于有利的状态。大量研究案例显示，与资源相对贫瘠的地区相比，资源富集区的经济增长反而更为缓慢，更容易受到资源枯竭的限制。例如，从 17 世纪的西班牙到 20 世纪的俄罗斯，再到第二次世界大战后的尼日利亚、委内瑞拉以及一些海湾产油国家等，这些天然拥有丰富的可再生资源或不可再生资源的国家，与同时期其他自然资源匮乏的国家相比，经济增长速度从飞速上升到急速放缓，对国家经济的发展产生了巨大的后发性劣势。相反，一些资源贫乏的国家，如 17 世纪的荷兰、19 世纪的瑞士、日本以及第二次世界大战后的东亚主要新兴工业化国家却都表现出了强劲的增长势头。基于此，1993 年，奥蒂（Auty）提出了“资源诅咒”一词，用以表示长期内丰富的自然资源对经济增长的抑制作用。然而，历史经验证明，自然资源对经济增长的抑制作用是潜移默化的，这些抑制作用不仅体现在经济增长问题中，而且会在资源问题和环境问题中作为附加劣势体现出来。

1. 资源富集区经济发展中的资源问题

一般来讲，资源可以分为狭义的资源和广义的资源：狭义的资源，只包括自然资源，根据耗竭后能否再生可以将其分为耗竭性资源与非耗竭性资源；广义的资源，不仅包括自然资源，还包括经济、人力、信息、文化、智力、旅游资源等在内的社会资源。本书所讲的资源富集区中的资源一般均指狭义的资源。

中文文献在对资源富集区中的“资源”具体含义的探讨中，大多数文献认为资源指的主要是矿产资源和森林资源，且两者均属于或近似属于耗竭性资源。因此，在资源概念的问题上，刘云刚（2002）、王青云（2003）、赵天石（2006）、刘剑平（2007）等均赞同此观点。与之不同的是，田红娜（2009）认为，虽然森林资源是资源型城市发展森工经济的重要依托，但是，由于其资源的再生周期较长、采选作业相对分散就将其视为耗竭性资源是非常牵强的，严格来讲，森林资源并不属于耗竭性资源。肖劲松（2009）认为，随着社会发展和技术开发，资源概念的内涵与外延也应该得到相应发展，资源不应该仅仅包括矿产资源，还应包括旅游资源和农林牧渔资源等。

资源富集区一般以对资源的开采和初级产品加工为主要产业，其经济发展对自然资源有着很强的依赖性，各类资源对经济发展所带来的影响相比资源贫瘠地区更为强烈和深远。在资源富集区开发的初期阶段，由于本地自然资源储量丰富而人造资本相对稀缺，因此，长期的经济发展更多地受到人造资本的作用和影响。然而，随着社会生产和产业结构演化的不断推进，经济体量的进一步增长无限加大了对自然资源的消耗，资源利用粗放和生态破坏引发了资源富集区经济发展空心化的现象（陈军，2008）。

资源储量减少对经济的约束，不仅表现在资源的总量或产业结构方面，对经济发展规模、速度和模式等方面同样具有很大的制约作用（陈大夫，2001）。诺德豪斯（Nordhaus，1992）用资源增长阻力（growth drag）作为衡量一个经济体在其发展过程中有没有受到资源约束的指标，并且，在研究中加入资源要素的扩展因子，以索洛模型为基础建立了一个有资源约束的经济社会增长模型和一个无资源约束的经济社会增长模型，最终得出美国受到 0.0024 自然资源阻力的结论。罗默（Romer，2001）通过将自然资源要素和土地要素引入科布－道格拉斯（Cobb-Douglas）生产函数来分析经济增长规律，认为自然资源的限制在某种程度上会引起单位劳动产出的下降，长此以往，最终会严重制约经济发展的速度和效率。穆里罗·萨莫拉诺（Murillo Zamorano，2005）通过包含资本、劳动和资源环境的多要素模型，证明了资源要素对于经济增长率具有重要的意义。索伦森和威塔－雅各布森（So-rensen and Whitta-Jacobsen，2012）将土地和石油等生产要素纳入索洛模型，在通过多国数据分析之后，进一步阐述了资源对经济发展的制约作用。

虽然中文文献的相关研究起步较晚，且研究成果也不像外文文献那样丰富，但对于中国近年来的经济发展速度是否受到资源约束等问题，大多数中文文献还是持肯定态度。郎一环和王礼茂等（2002）指出，石油、耕地、淡水、森林和矿产等自然资源的消耗性相对短缺，在很大程度上将会影响中国社会经济在未来全面、长远地发展。江小涓（2004）、宋旭光（2004）、罗浩（2007）等也认为，在中国发展所面临的各种挑战中，资源性约束问题更值得引起公众和相关部门的关注。薛俊波和王铮（2004）、谢书玲等（2005）根据罗默（Romer）的假说，对中国的资源消耗状况进行深入分析，得出水资源和土地资源对中国经济的增长尾效为0.014 548的结论，说明由于水土消耗过快，中国经济增长每年要降低1.45%，因此，必须在调整产业结构、加速经济增长的同时，采取有力措施加强对自然资源开采的控制和使用，只有开源节流才能保证中国未来的能源供给，进而实现经济可持续发展。

在如何规避资源制约方面，例如，布洛克和泰勒（Brock and Talor，2005）认为，应该通过技术进步提高生产率、节能减排，使资源型产业从资源消耗型产业进行结构升级，进而达到经济的可持续发展。朱塞佩（Giuseppe，2005）通过纳入可再生资源要素和其他资本要素的内生经济增长模型，在废物循环再造对经济增长速度的影响方面、对自然资源进行二次利用的可行性方面进行了解释，认为政府应该采取对资源消费征税和补贴资源循环再利用的方式实现经济社会的平稳增长。朱塞佩（Giuseppe，2006）在其已有研究的基础上进行了拓展，通过考察由技术引起的不可再生能源和可再生能源可替代程度的变化，分析技术变革对经济增长速度的影响，其结果显示技术进步不仅消除不同种类资源之间的转换壁垒，而且，可以提高彼此之间的替代程度、加强废弃物循环再造的渗透性。

因此，技术进步对于发展经济来说具有非常明显的积极作用，显然可以作为发展经济的有效路径。另外，科乔·曼尼亚（Kojo Menyah，2010）对中国经济增长和环境污染之间的动态关系进行了研究，阿卜杜勒·贾利勒（Abdul Jalil，2011）等对南非经济增长和环境污染之间的动态关系进行了相关研究。

多数中文相关文献试图从中国经济发展所面临的优势和劣势出发，寻找处于资源约束下的经济可持续发展路径。一种观点认为，应该通过产业结构调整和技术创新等措施来克服资源约束（吕铁，2004；余江，叶林，2008），通过构建资源节约型的产业结构经济体系，迅速降低工业化进程中的资源消耗量，提高资源使用效率，进而保证国家的社会经济可持续发展能力；另外一些中文相关文献则认为，以上途径还不足以缓解中国的资源约束现状，其措施在某种程度上具有一定片面性，应从多个方位着手来化解此类难题。例如，罗浩（2007）指出，除技术进步之外，还可以通过资源性产业转移，即向外地转移多余的劳动力和富余资本，从而对外地的矿产资源进行开发利用，迅速缓解本地区由于资源耗竭而遭受的经济增长硬约束。张景华（2008）通过对经济增长中矿产资源效应机制的相关分析，认为要素流动、技术进步和制度改革为资源富集区的经济增长提供了主要渠道，因此，要依靠资源管理制度创新、生态补偿机制的建立等方式来破除资源耗竭的“瓶颈”问题。胡跃龙（2009）指出，应该促进石油、铁铝矿等重要战略性自然资源的多层次、多元综合替代，提升资源对经济发展的战略支撑能力。王磊（2012）、刘卫平（2012）则提到，用社会金融投资工具等来缓解自然资源的约束问题。赵鑫铖（2014）认为，中国自然资源整体存量和人均数量的有限性在很大程度上限制了经济的进一步增长，既不利于中国资源比较优势与技术比较优势之间进行无间隙转换，也不利于未来国家经济产业升级并进一步实现可持续的绿色经济。因此，应该从政策和制度两方面着手，不仅要通过产业结构升级和技术创新等措施来提高资源经济产品的生产率，而且要降低人口增长速度及其对资源的依赖程度，增加人均资源拥有量和环境承载力，进一步实现经济的长期增长。

2. 资源富集区经济发展中的环境问题

矿产资源的开发使用可以为社会经济带来大的发展和进步，但与此同时，各资源富集区的生态环境也不可避免地遭受到不同程度的破坏（Ma C. L.，2009）。例如，德国鲁尔区的多特蒙德市、埃森市、杜伊斯堡市，澳大利亚、日本北九州的诸多地区（Goodman and Worth，2008；宋冬林，2009），国内的大部分资源型区域，例如，陕北榆林市、山西省内诸多城市等，资源虽相对丰裕但生态条件相对脆弱，气候干旱、水资源、土地资源贫乏，大规模的能源开发、生产、加工及运输使得当地的水土流失情况进一步恶化、三废污染严重，加剧了生态环境的负荷（雷仲敏，2011），也影响了当地经济的进一步发展。

格罗斯曼和克鲁格（Grossman and Krueger，1991）较早地使用环境库兹涅茨曲线（KEC）分析了经济增长与环境质量之间的关系，认为经济发展中的规模效应会加速环境恶化，而技术进步和产业结构调整则会改善环境质量。在经济起飞阶段，资源的开发使用速度超过了其再生速度，有害的固体废弃物和大气污染物大量产生，规模效应超过了技术效应和结构效应。此时的经济增长会从两方面对环境质量产生负面影响：一方面，经济增长要增加投入，进而增加资源的使用；另一方面，更多产出也带来污染排放的增加。结合中国经济发展，金碚（2009）认为，环境问题的本质是工业化中期经济发展对资源的浪费和环境的污染。为了保持经济高速增长，尤其是资源型产业的发展，导致中国资源型区域生态环境问题的恶化（沈可挺，龚健健，2011）。

资源富集区的环境污染问题与矿产资源的开发利用密切相关，也有许多文献从矿产资源的产权方面来探析环境问题产生的原因。例如，陈积岩（2008）、李云燕（2007）等认为，造成环境破坏和污染的主要原因在于矿产资源的产权界定不明晰，环境保护相关法律法规和监督管理体制不健全等。王素琴（2006）认为，煤炭产业引起环境污染问题的原因在于微观环境政策和宏观环境政策失灵、环境治理的相关政策失灵和传统粗放式经济增长方式的惯性作用。

另外，环境问题的产生和恶化，还包含了一些制度因素和技术因素。在不同的经济发展阶段，制度变迁所追求的最优经济目标和社会目标不同。在资源富集区经济发展的初期，采取的各种制度的目标更倾向于激励当地经济实现飞速发展，只有当经济发展的体量和速度达到一定水平后，才会将制度的激励目标转移至资源开发效率和环境保护质量。因此，在经济发展的起步阶段，为了追求经济的高速增长，地方政府往往会放松对一些以资源性产业为代表的高污染行业的管制，甚至采取默认和纵容的态度，以环境污染和生态破坏为代价换取 GDP 便成为资源富集区经济发展的一般模式（金碚，2008；张克中，2011）。另外，中国原创性的工业技术相对于发达国家较为弱势，且具有强烈的模仿性（金碚，2005），在经济发展的大背景下环境治理技术的创新动力不足，再加上资源性高污染企业工业技术对环境技术的挤出效应，导致中国资源富集区的生态环境问题日益严重。

为补偿资源开发所造成的环境损失，部分文献希望通过政府加强制度管制和制定相关的环境补偿税费制度来解决经济生产中的环境污染问题。如利格哈特和普勒格（Ligthart and Ploeg，1994）提出，将污染防治支出列入政府公共财政预算，通过纳入政府支出因素的内生增长模型分析，得出严格的环境政策会对改善环境品质有着积极的作用。对于应该具体实施怎样的环境保护政策，埃利亚松和托洛维斯基（Elíasson and Turnovsky，2003）通过分别考察污染税和排污权交易制度和政府环境管制政策对经济增长的影响，认为政府颁布严格的环境保护政策和治理政策虽然对生态环境有一定的正效应，但却会导致经济增长率的下降甚至导致经济总量衰退，因此，在同等的前提下，实行污染税和排污权交易制度比政府环境管制政策效果更佳。在政府实践方面，美国在较早时期就颁布了《国家环境法》《露天采矿控制与复垦法》等相关法律，对资源富集区矿产资源开采地带的生态环境进行严格管制。德国的鲁尔区则对资源富集区土地进行了细致的整体规划，通过市场机制的运作成功地对当地的水资源和绿地森林资源进行了生态恢复和重建（王森，2007）。日本九州岛借助其完善的法律制度和产业政策，通过政府、企业和民众三方结合的方式，在当地政府的大力支持下建造生态工业园区，致力于解决环境污染问题，如今更是将环保作为经济的支柱产业来支持。另外，还有许多国家和地区都采取了生态环境补偿机制来应对当地的环境危机，如哥斯达黎加、哥伦比亚等拉丁美洲国家开展的环境服务支付，日本和美国则针对部分流域实施流域管理计划等（秦艳红，康慕谊，2007）。

对于改善资源富集区生态环境问题的途径和措施，一些中文文献也进行了广泛研究。其中一部分文献指出，对环境进行治理，重要的是先完善矿产资源开发中的生态补偿机制（张思锋，张立，2010），同时，政府应该建立相关的补偿制度和法律监督机制，并通过“立法约束、政策引导和行政监督”三位一体的运行模式来恢复当地的生态环境（张复明，景普秋，2010）。蔡绍洪等（2011）通过建立博弈模型对资源富集区居民与企业之间的利益关系进行综合分析，认为只有在均衡协调各方利益的基础上才能争取实现经济发展的综合利益最大化，只有实施恰当的生态补偿制度才能实现资源、环境和经济的协调性可持续发展。王辉（2012）提出，要对生态环境进行动态补偿，对资源富集区的生态服务价值、补偿成本和补偿效益等进行系统化的动力分析，通过缜密的生态补偿测度模型来具体选择实施静态补偿、动态补偿和过渡类型三种补偿策略。王育宝和胡芳肖（2013）针对耗竭性资源外部环境成本的分析认为，采取可持续发展的生态环境补偿措施主要有以下三个方面：一是建立健全资源环境法律法规，以立法的形式明确矿区资源环境的治理界限和责任归属；二是推行当地矿产资源的开采许可证制度及开发后续的恢复治理保证金制度；三是要建立生态补偿税制和环境损害赔偿基金，针对环境污染程度对当地居民开展社会化补偿。还有文献认为，应该从调整主导当地经济发展的产业结构入手。另外，乌敦等（2009）通过对我国内蒙古自治区鄂尔多斯市 1984 ~ 2004 年产业结构变化和生态效应之间关系的定量研究，指出保护生态环境的关键是产业结构优化升级，与其持相同观点的还有周进生（2009）、贺丹（2012）等。

1.3.2 资源富集区经济发展阶段研究

国外关于资源富集区城市发展阶段的研究主要有：

1931 年，经济学家赫泰林（Hotelling）在《政治经济》杂志上发表了《可耗尽资源的经济学》一文，这篇文章便成为研究不可再生资源方面的经济学经典文献之一，指出资源型城镇的形成和发展对当地特有的资源禀赋具有依赖性，然而，矿产资源毕竟是不可再生的，受资源储量的约束，当地经济很容易表现出独特的发展规律。马什（Marsh）基于对美国宾夕法尼亚州东北部煤炭城镇居民社区归属感的研究指出，煤炭资源富集区经历了两个不对称的阶段：第一个是早期工业化阶段，此阶段外部矿产环境和内部经济增长的环境向新来的居民提供了物质财富，但精神财富相对贫乏；第二个是衰退阶段，此阶段环境向当地居民提供了精神财富，但与第一阶段相反的是物质财富却相对短缺。同时，他还指出，资源富集区的经济兴盛期与衰退期之间是相对稳定的几十年，这一时期对煤炭资源富集区具有很强的影响，这种影响既表现在外部的自然环境景观上，也表现在人们对其自身所处地位的判断和认知上。卢卡斯（Lucas，1971）提出了资源型富集区发展的“四个阶段”理论：第一阶段为经济建设阶段；第二阶段为雇用阶段。在这两个阶段，劳动者的迁移和变动很快，很多不同种族、背景的家庭先后到来，此时，男女性别比例差距很大，且此时的婴儿出生率很高，处于人口激增的阶段。第三阶段是过渡阶段，人口聚居地从依附一家综合性的大型公司变成相对独立的社区，且此时的公司已经不再独立经营当地城镇的日常事务，而是由当地的聚居区居民自己进行管理，社区稳定感和参与管理的意识逐渐形成。第四阶段是成熟阶段，主要表现为成年劳动力甚至青壮年劳动力的流动率降低，但退休比率相对增加，此时城镇的老龄化现象开始凸显，青壮年却流失、迁移到其他社区。这是对资源型城镇发展阶段的初步认识。

到 20 世纪 70 年代中期，对此方面的研究思路拓宽，对资源富集区发展阶段的研究较多。布莱德伯格（Bradburg）根据对加拿大资源型城镇的研究，发展了卢卡斯的单一资源型城镇生命周期理论，据此提出了经济发展下降阶段和关闭阶段，并对以前学者的阶段性研究持否定态度，认为应该利用资本主义经济发展理论来解释资源型城镇的兴起和衰落，以及资源型城镇在此发展过程中所表现出来的各种社会经济特点。他认为，资源开采部门和当地的资源型城镇处于垂直一体化的综合性大公司的控制之下，再加上资源消耗和资源价格的不稳定性，造成了资源型城市的结构条件处于极度脆弱的状态中。另外，美国地质学家胡贝特（Hubbert）将资源富集区的生命周期分成了四个阶段：第一阶段为预备期，即资源开发前的准备阶段；第二阶段为成长期，即将开发出来的矿产资源全面投入达到设计规模阶段，工矿业发展，城市化加快，人口剧增，污染日益严重；第三阶段为成熟期，此时工业生产达到设计规模的后发阶段继续发展，利用主导产业的旁侧关联效应深入发展相关联的产业，矿产综合区域发展程度逐步提高，产业规模逐步扩大，政府财政资金积累加快，但矿产资源开采条件恶化带来经济效益缩水的威胁；第四阶段为转型期，以矿业为主导的产业地位开始呈现下降趋势，如果有新的替代产业兴起，以资源型经济为主导的产业性质功能将转变，一般会演变为综合性工商业中心城市，如果没有新的产业兴起，将会出现大量产业工人下岗待业，政府财政资金周转困难，城市人口开始衰退、消失。

国内对资源型城市的研究，主要是随着国家宏观经济与资源型城市的发展过程而逐步进行的，然而，这些研究涉及资源型城市发展阶段的不多，主要有，2001 年，李国平等研究的国家自然科学基金资助项目《夕阳产业地域的形成、演变与持续发展研究——以东北为例》。这本书通过研究辽宁省抚顺煤田矿业区域，分析由煤炭资源开发而导致的工业化进程，探讨资源型区域工业化发展阶段中煤矿工业城市的形态、内部结构及其演化规律。并据此提出，因矿而生的资源型城市其城市空间形态和结构的演变，从根本上取决于矿业经济与非矿业经济的相互消长，并指出，“矿业区域的内部结构主要受控于资源分布、地形、气候等自然因素，而工商业区域的内部结构则主要是区域工业化的结果”。王艳春（2007）探讨了中国资源型城市的发展问题，指出中国资源型城市基本上都是新中国成立后进行投资和建设的，建设时间大部分很短，加之其“依矿而建，缘矿而兴”的特殊发展条件，矿产资源的储量、品质和赋存条件等外在因素从根本上决定着这类城市主导企业的经济效益和生命周期，这类城市的发展轨迹一般都会遵循其特有的规律。同时她还指出，中国以矿业为主的资源型城市在各个阶段的生命周期特征。刘强（2008）在对资源富集区进行分类时指出，按照城市的一般发展进程，资源型城市可以划分为幼年期资源型城市或雏形期资源型城市、新兴期资源型城市（如朔州）、发展期资源型城市或成熟期资源型城市（如金昌、马鞍山等）和后期资源型城市或衰退期资源型城市（如玉门等）。葛亮（2008）和贾晓晴（2011）等指出，资源型城市发展具有比较鲜明的阶段性，即经历勘探开发、建设、兴盛、停滞直至衰落的过程，这与产业发展的生命周期相适应。

从以上内容可以看出，对资源型城市发展阶段的研究是逐步发展和完善的，关于资源城市发展阶段的观点具有普遍性，但只考虑了城市资源开发周期的特点，而没有兼顾科技进步、经济社会的发展给资源型城市带来的冲击，也没有考虑不同经济体制下，资源型城市发展周期及转型方式的不同。中国资源型城市研究开始于对矿业城市的研究，随着研究范围的扩大，不仅包括矿产资源，还包括旅游资源、森林资源等相关资源领域的城市。从中国学者对资源型城市的研究可以看出，大多是参考国外早期的相关研究成果，如资源型城市生命周期理论，再结合中国资源型城市实际情况进行特征阐述和应用。

1.3.3 资源富集区经济发展路径、模式研究

1. 路径研究

英国经济学家 C. G. 科林·克拉克（C. G. Colin Clark）和美国经济学家库兹涅茨（Kuznets）将工业化过程归纳为三个阶段，即重工业化阶段、高

度加工化阶段和技术集约化阶段。从资源型工业化构成来看，这一过程遵循着从劳动集约型工业为主到资本集约型工业，进而发展到技术集约型工业为主的发展轨迹。从这一理论看出，处于不同经济发展阶段的区域，具有不同的主导产业和产业结构。

中文文献叶冬松（2003）在探讨资源型城市发展路径和发展模式的问题时，认为资源型城市的经济转型方向应由单一专业化经济向多元化经济转变、由以矿业为主导的城市向综合性城市转变、由矿业原料开采基地向地区经济增长中心转变。郭承龙（2004）在分析资源型城市发展动力机制的演变过程中指出，国家投资和财政补贴等推动区域发展的措施往往会随着国家经济形势、产业结构、产业政策和区域政策的变化而变化，这些不可逆的不稳定因素使资源型城市的发展出现了较明显的波动，并表现出阶段性特点，接近诺斯曼反“S”模型。郭承龙将资源型城市发展的路径总结为采掘业城市、资源工业城市、工业资源城市、综合型城市，并对每阶段资源型城市的动力结构、经济特征和资源经济联系的强度等进行了分析。马传栋（2005）指出，从可持续发展的角度出发，煤炭资源型城市的发展路径就是由存在大量经济问题和环境问题的城市，最后发展到具有初步可持续发展能力城市的过程。孔祥喜（2007）探讨了资源型城市发展的优选路径，认为资源型城市必须依托自身比较优势，按照科学发展观的要求，坚持资源驱动、生态驱动、市场驱动和统筹驱动相结合，发展由绿色经济主导的资源型城市经济。汪一洁（2008）认为，在中国资源型城市的发展道路中，要想使城市化进程得以质的保证，最终实现资源型城市的可持续发展，就应该树立城市转型的发展方向，在整个城市转型的系统工程中，应该从产业演进、劳动力转移和城市功能改造入手，将这三方面的解决作为中国资源型城市发展转型的支撑点。程骏（2008）从资源型城市产业结构的内在特征和影响因素的相关分析入手，认为资源型城市可持续发展的关键在于制度创新、技术创新和生态创新等，培育资源型区域产业技术自主创新能力，并从实证分析的角度探讨了资源型城市传统经济的发展路径问题，通过分析认为，陕西省榆林市的可持续发展是其经济发展的必由之路，即指摆脱传统经济发展道路中过度开采自然资源、破坏生态环境的状况，实现人与资源开采、经济发展和环境保护的和谐发展。杜广强（2009）从经济学角度入手，分析了辽宁省的资源型城市因何种原因陷入了资源枯竭的困境，经过一系列分析指出，只有实现经济、社会和环境可持续发展的路径才是将辽宁省资源枯竭型城市拉出泥潭的必然选择。具体路径如下：经济可持续发展路径包括延伸产业链条、发展多元化新兴经济增长点、拓展经济创新技术以及推动产业结构路径升级改造；社会可持续发展路径包括，鼓励民间组织积极参与、采取措施加强就业保障、加强相关政策的扶持力度；环境可持续发展路径包括，推动废弃物循环利用、采取立法措施加强环境治理等。王小明（2011）指出，中国资源型城市经济转型的具体措施主要包括：科学规划转型模式、营造良好的产业转型氛围、培育具有当地特色的接续替代产业、建立和完善区域创新体系、积极推动和促进中小企业的发展，最终扩大对区域外贸易开放程度，并加强与其他区域的经贸往来，从而促进资源富集区顺利转型。

2. 模式研究

一些中文文献对资源富集区的经济发展模式进行了研究。例如，鲍寿柏和胡兆量等（2000）对国家哲学社会科学基金资助项目《矿业性城市发展模式比较分析》的研究。胡兆量在《专业性工矿城市发展模式》一书中，系统阐述了重工业城市和矿业城市的社会经济发展规律，并对国外工矿城市的发展经验进行了比较研究，总结了北美洲、澳大利亚、德国和日本等的矿业城市发展模式。认为矿产资源的不可再生性和储存量的有限性决定了资源型城市发展的周期性和分散性，并针对中国目前的多个专业性资源型城市矿产资源开发程度，将资源型城市的开发模式进行归类。齐建珍和白翔（2001）对抚顺市、阜新市两个煤炭资源型城市的发展模式进行对比，认为城市单一的经济发展结构在长期内会带来经济效益低下、劳动就业岗位减少、市民生活质量下降以及生态环境污染等问题，指出解决这些问题的根本途径就是推动产业结构综合发展。朱爽（2001）认为，由于资源总量有限性的制约，干旱地区的资源型城市以及不可再生资源的城市经济发展模式已经不能适合现代化城市发展的需要。通过对干旱地区资源型城市的经济发展特征和其现有发展模式的弊端进行分析，进一步拓展了干旱地区资源型城市的可持续发展模式。并在现有矿产资源开发背景下，以循环经济为可持续发展的主导理念；并以水资源、生态环境保护为基础，改造传统经济产业链条，延伸下游经济发展路径，加强培养人才和企业生产的科技力量，发展高新产业的可持续发展模式。张凤武（2004）结合产业经济学理论和煤炭资源型城市的实际状况以及国内外研究经验，把煤炭资源型城市的接续替代产业的模式选择确定为“依托资源、科技先导、深度转化、综合发展”

四个要点，以传统产业经济发展模式转型为主，以资源节约综合利用为辅，实施相关第三产业精准化配套，非相关现代化产业视区域经济发展状况适当发展的模式。

1.4 研究方法

第一，本书采用文献研究法，在阅读的基础上，搜集并整理了大量与本研究课题相关的中外文文献，在了解本研究领域的前沿和热点的基础上，开展对资源富集区的研究。

第二，本书采用实证分析方法，以河南省为例探讨了河南省资源富集区的发展现状，并以焦作市的经济产业数据为基础，对焦作市经济转型模式进行了系统研究。

2

理论基础

2.1 资源要素禀赋理论

2.1.1 资源禀赋的概念

禀赋一词的原义是指，人所具有的智力、体魄等与生俱来的天赋。而经济学中的禀赋是指，一个国家（地区）凭借其本土所拥有的自然优势，它的作用是推动其生产活动进步。资源禀赋指，由于各国（地区）的地理位置和气候条件不同，从而有些国家（地区）会具有大自然赐予的资源蕴藏方面的优势。自然资源禀赋理论认为，由于各国（地区）的地理位置、气候条件、自然资源蕴藏等方面的不同，导致各国、各地区专门从事的部门产品生产种类也大相径庭。其中，亚当·斯密的绝对优势理论、大卫·李嘉图的相对比较优势理论以及赫克歇尔－俄林的要素禀赋理论都认为，资源禀赋对地区经济增长和对外经贸交流具有较大影响。因此，在本书中所涉及的资源禀赋，均指一个国家（地区）所拥有的自然资源蕴藏方面的优势。

2.1.2 资源要素禀赋的理论基础

现代贸易理论是近代以来经济思想发展的产物。例如，重商主义、亚当·斯密的绝对优势理论和大卫·李嘉图的比较优势理论都为现代贸易理论提供了严密的理论框架。

由于经济学前人的研究成果都强调了不同国家在进行经贸往来时，其产品的相对价格差异是贸易产生的最直接基础，而产品的价格则由供给条件和需求条件共同决定，因此，在进行产品定价时就需要考虑资源禀赋和附加技术等关键因素。在20世纪二三十年代，瑞典经济学家赫克歇尔和俄林提出了一种新的理论，回答了李嘉图未能解释的两个问题：第一，比较优势由什么决定？第二，在参与贸易的国家中，国际贸易对各种生产要素的收入有何影响（收入分配）？由于赫克歇尔和俄林认为资源要素禀赋是构成一国比较优势的基础，所以他们的理论被命名为要素禀赋论，也称赫克歇尔—俄林模型，即H-O模型。

资源要素禀赋理论认为，各国资源要素禀赋（例如，劳动和资本）的不同是国际贸易产生的基础，各国应该生产并出口密集使用供给相对充裕、价格较为低廉的商品，从而根据本国市场的需求情况，进口密集使用供给相对不足、价格较为昂贵的商品，以获得比较利益并更有效地利用本国的生产要素。

资源要素禀赋理论主要基于以下几点基本假设：（1）各个国家拥有相同的口味和偏好（需求条件）；（2）它们投入的要素是性质相同的，且技术水平大致相当。很明显，最后一条假设认为技术发展程度相同，国与国之间的贸易基础不存在技术差异的可能性，从这一点可以看出，不同的国家和地区之间可以发生贸易行为，完全是由于劳动力供给水平与资本供给水平上的差异。

根据资源要素禀赋理论，不同国家间的产品交易价格有所差异是因为：（1）国家之间的生产要素在投入禀赋上存在差距；（2）不同的商品在其生产过程和交易过程中对投入要素的使用密度差异很大。由于这些原因，一个国家或地区就会出口那些使用本国或本地区相对丰富（便宜）的要素投入的产品，而进口那些需要大量使用本国或者本地区相对稀缺（昂贵）的要素投入的产品。这就是为何土地丰富的国家（如澳大利亚）一般会出口肉类等土地密集型商品，而劳动力丰富的国家（如韩国）则出口纺织品等劳动力密集型商品。

2.2 经济增长理论

2.2.1 经济增长理论概述

经济增长理论是指，对经济增长规律和影响因素理论的研究和解释，表示随着一个国家（地区）生产的产品和劳务总量的不断增加，用货币形式表示的国民生产总值也在不断增加。西方经济学通常把经济增长规定为产量的增加，通常用来衡量国民收入或人均国民收入。

亚当·斯密在《国民财富的性质和原因的研究》一书中认为，如果投入的资本量越大，那么，所雇用的生产工人在劳动中所占的比例就越大，劳动生产率越高，经济增长也会越快。针对此类研究，李嘉图认为，经济增长的条件包括技术进步和资本积累的增加。马歇尔则强调，资本家的资金投入和实干企业家的企业经营管理活动对经济增长的重要性。熊彼特在1912年出版的《经济发展的理论》一书中提出，资本主义经济在本质上是不断变化的，这一变化推动着经济不断向前发展，而推动经济发展的根本动力在于企业家的创新活动。正是那些富于冒险精神并勇于“创新”的企业家借助银行贷款，创办新企业、购置新设备、开拓新市场，将资本主义生产技术进一步向前推动，降低生产成本，在此基础上增加市场所需的产品产量，从而推动资本主义不断发展。凯恩斯在《就业、利息和货币通论》一书中认为，一般情况下，资本主义的经济活动所能达到的均衡状态总是小于充分就业的均衡状态，因此，资本主义社会经常出现失业和经济危机。凯恩斯认为，只要政府调节市场总需求和总供给，就可以缓和或者避免经济危机，并使整个资本主义社会的经济活动达到充分就业的理想状态。

经济增长理论不仅是经济学研究的永恒主题，更是全世界都普遍关注的问题。正是由于经济增长与全世界人民的福利息息相关，所以，对经济增长理论的研究就显得格外重要。近年来，随着经济全球化的进一步发展，经济增长理论和社会经济发展现实之间的矛盾促使学者们不断探求现代经济增长理论，人们以便更好地探索、理解世界。

2.2.2 新经济增长理论基础

1. 哈罗德—多马模型（Harrod-Domar model）

现代经济增长理论开始是由哈罗德（Harrod，1939）和多马（Domar，1946）进行研究的，并提出了西方经济增长理论史上第一个研究经济增长的数学模型。该模型以凯恩斯的储蓄—投资分析理论为基础，同时引入时间变量，将凯恩斯的短期比较静态分析长期化和动态化。哈罗德—多马模型用数理工具建立规范化的经济学模型对经济增长及影响经济增长的变量进行分析研究，具有划时代的意义。其基本思想是，在一个时期内，若要实现经济均衡增长，则该时期的国民收入增长率应该达到同期全部投资等于全部储蓄。

纵然哈罗德—多马模型开创了以数学模型研究经济学的先河，但其具有一系列严格的假设条件，包括：（1）整个经济社会只生产一种产品投入市场，这种产品既可以作为消费品，也可以作为资本品；（2）目标产品在生产过程中通常只使用两种生产要素，即劳动 L 和资本 K，并且，这两种生产要素不能相互替代，每单位产量所需要的生产要素数量必须保持不变；（3）生产规模的效益不变；（4）储蓄在国民收入中所占的份额保持不变；（5）劳动力按照一个固定不变的比率平稳增长；（6）不存在技术进步，也不存在资本折旧问题。

2. 新古典经济增长理论（外生增长理论）

新古典经济增长理论是由索洛（1956）和斯旺（1956）在对哈罗德—多马模型进行修订的基础上发展起来的，一般称为索洛—斯旺模型（Solow - Swan model），常被简称为索洛模型。

索洛认为，哈罗德—多马模型假设生产中只有资本和劳动两种生产要素，并且资本和劳动不能相互替代，从而得出资本主义市场经济不能保持持续稳定增长的结论，因此，在产品生产过程中只要假定资本和劳动可以相互替代，就会得出相反的结论，即在两要素可以相互替代的情况下资本主义的市场经济可以保持稳定增长的趋势。根据索洛模型的相关假设：（1）储蓄全部转化为投资；（2）投资的边际收益率递减，即投资的规模收益是常数；（3）采用资本和劳动可替代的新古典柯布—道格拉斯生产函数，解决了哈罗德—多马模型中经济增长率与人口增长率不能自发相等的问题。在柯布—道格拉斯生产函数中，假设劳动数量是既定的，那么，随资本存量的逐步增长，资本的边际收益递减规律将会确保经济增长稳定在一个特定值上。由于该模型没有投资的预期回报，因此，回避了有保证的经济增长率与实际经济增长率之间的不稳定性波动。就此可以得出结论，经济稳定增长。该模型的外生变量为储蓄率、人口增长率和技术进步率；内生变量为投资。

在索洛的描述中，完全竞争的经济是指，产出的增长对应于资本和劳动投入的增长。这一时期一直强调物质资本的重要性，物质资本增长决定了经济增长率，在不存在技术进步对经济增长影响的假设条件下，物质资本的规模及增长速度是影响现代经济增长的关键因素。因此，新古典经济增长理论普遍认为，经济稳态增长率主要取决于人口增长率等不可控因素，因此，在没有外力推动的情况下，经济体系无法实现持续增长。即当经济中不存在技术进步时，经济最终会陷入停滞状态。但是，当存在外生技术进步时，特别是在外生技术进步采取哈罗德中性（即技术进步附着在劳动上）形式时，经济就能沿着一条平衡增长轨道移动。

新古典经济增长模型采用新古典经济学理论的分析框架，迎合了当时逐步兴起的新自由主义思潮，正因如此，这一理论一经提出，便成为西方正统经济理论的一个重要组成部分。索洛（1956）通过研究资本积累对经济增长的推动作用，得出在长期内人均收入增长率会逐步趋同于技术进步率。如果按照这个“趋同假说”进行推导，那么，各个国家之间的贫富差距也会随之缩小。然而，现实中各国之间的贫富差距不但没有缩小，反而在扩大。因此，索洛模型不能解释已经达到稳态水平国家的长期经济增长趋势，因为某个国家一旦达到稳态水平，它的经济就不再出现明显的增长趋势。而且，索洛模型在完全市场竞争的假定条件下，以外生的技术进步来解释经济增长现象，使得新古典经济模型陷于一种可以解释一切却不能解释长期经济增长的困境。因此，在对新古典增长模型修订的研究中，一般都会强调技术进步的内生性，然而，无论技术变化是外生还是内生，都在新古典理论的模式框架下，难以解释复杂的现实世界。

3. 新增长理论（内生增长理论）

20 世纪 60 年代，一些学者不满意新古典经济增长理论将技术进步作为外生变量的观点，开始进行研究。其中，最有名的是阿罗和宇泽。阿罗（Arrow，1962）最早将技术进步作为经济增长的内在因素进行分析，提出了边做边学（learning by doing）模型，突破了新古典经济增长理论的研究框架。边做边学模型作为第一个内生经济增长模型，促进了新经济增长理论的产生。宇泽（Uzawa，1965）通过假定经济中存在一个生产人力资本的教育部门，将索洛模型中的外生技术进步“内生化”，否定了研究中技术进步不变的假设。宇泽提出的由教育部门培养的人力资本驱动的生产率改进模型，为解释内生技术变化提供了可能，最终成为罗默和卢卡斯重要的思想源泉。

20 世纪 80 年代中期，随着以美国经济学家保罗·罗默（Paul Romer，1986）和罗伯特·卢卡斯（Robert Lucas，1988）为代表的新经济增长理论的出现，经济增长理论再次焕发生机。新增长理论在本质上肯定技术进步在经济增长中的决定性作用，把技术进步内生化，并对技术进步的实现机制进行理论分析。新经济增长理论已经成为当今西方经济学界的一种主流理论，其研究重点在于探索何种内生机制能够保证经济实现持续稳定的增长。

新经济增长理论将技术进步和人力资本等要素引入经济增长模型中，提出要素收益递增的一系列假定，从而对新古典经济增长理论进行了全面修正和发展。新经济增长理论强调，经济增长是经济内部力量相互作用的产物，重视对技术进步、边做边学、知识积累、人力资本、政府支出等新问题的研究。哈罗德—多马模型中的四个外生变量给定的参数，储蓄率、资本产出比、劳动生产率和人口增长率等，都已经变成了经济增长模型中的内生变量。

尽管新经济增长理论在新古典经济增长理论的基础上前进了一步，但是由于新增长理论依然采用传统的动态一般均衡方法来构建经济学模型，因此，这种进步在研究中是有限的。综上所述，现代经济增长理论经历了从技术外生增长到内生增长，市场结构从完全竞争到不完全竞争甚至垄断的演变。

2.3 产业优化理论

产业优化是指，通过产业结构调整，使各产业逐步实现协调发展，并满足社会经济不断增长的需要的过程。产业优化是一个相对的概念，不是指产业结构水平的绝对高低，而是在国民经济效益最优的目标下，根据本国或本地区的地理环境、资源条件、经济发展阶段、科学技术水平、人口规模、国际经济关系等特点，在具体问题、具体分析的理念下通过产业结构的优化调整，使之达到能够推动各产业协调发展的状态。产业结构优化不是一个静态的过程，也不是一个一蹴而就的过程，而是一个动态的过程。尽管在各个经济发展阶段和历史进程中，产业优化的内容各不相同，但一般而言，均包含以下几方面内容。

1. 产业结构的合理化

产业结构的合理化是指，在一定的经济发展阶段上，根据消费需求和资源条件理顺结构，使资源在产业间合理配置、有效利用。

2. 产业结构高度化

产业结构高度化要求资源利用的效率水平要随着经济技术的进步不断突破，从而推进产业结构中新兴接续产业的成长和对旧有产业的更替。产业结构高度化发展的标志，是高技术产业部门和高效率产业部门在社会经济产业中的比重不断增大，且经济系统内部能够持续发挥市场需要的创新能力。

产业结构合理化与产业结构高度化的联系非常密切。产业结构合理化为产业结构高度化提供了基础，而产业结构的高度化则推动产业结构在更高层次上实现合理化。产业结构合理化的着眼点主要是经济发展的近期利益，而产业结构高度化则更多地关注产业结构成长的未来发展趋势，注重社会经济发展的长远利益。

3. 产业的均衡发展

产业的均衡发展一般有两方面要求：一是各个产业部门之间的协调发展；二是产业结构发展的稳定性，即从时间序列上评价产业的均衡。产业协调发展是指，产业部门、产业要素在产业发展中要协调一致。

4. 产业发展效率

产业发展效率要求各个产业部门在其发展、壮大的过程中，要做到速度与质量并存，同时，将效益的提高作为主要目标。

2.4 可持续发展理论

可持续发展理论源于可持续发展概念。一般认为，可持续发展的概念源于联合国人类环境会议（1972 年，瑞典的斯德哥尔摩）、联合国环境与发展会议（1992 年，巴西的里约热内卢）和可持续发展世界首脑会议（2002 年，南非的约翰内斯堡）这三次联合国会议。而其中关于可持续发展的三个重要的报告，《增长的极限》《世界保护策略》和《我们共同的未来》则是关于可持续发展概念历程中具有标志性的文献，在这三次会议和三个报告中，可持续发展的概念从无到有，从模糊到清晰，从宽泛到明确。1980 年发表的《世界保护策略》报告首次提出了可持续发展概念，报告围绕可持续发展概念对保护与发展进行了探讨，但未对其进行明确定义。1987 年，世界环境与发展委员会发表了《我们共同的未来》，把可持续发展定义为“既满足当代人需要，又不对后代人满足其需要的能力构成危害的发展”，这一权威定义成为可持续发展理论的基石。近年来，随着可持续发展理论研究的逐步完善，学界的共识是可持续发展包含三个方面的发展，即经济、社会和生态的可持续发展，只有实现三个方面的协调统一，才可能实现可持续发展。

然而，由于可持续发展的概念宽泛，涉及领域众多，包括资源、环境、生态、社会等诸多方面，所以学者对可持续发展也给出了众多的解释，其中，具有典型代表意义的定义主要有：一是区域发展必须是在资源和环境承载能力之内的发展，如“可持续发展是寻求一种最佳的生态系统，用以支持生态系统的完整性，使人类的外部生存环境得以有效维持”；二是关注代际公平的，如“可持续发展就是既满足当代人的需要，又不对后代人满足其需要的能力构成危害的发展”；三是强调可持续发展的均衡性，此观点认为，“可持续发展就是谋求经济、生态和社会的有机平衡”。当前人们普遍接受的定义是“既满足当代人的需要，又满足后代人需要的发展”，因此，本书也将此定义作为分析可持续发展问题的概念基础。

2.5 路径依赖理论

路径依赖理论是指，经济、管理体制或工业技术等系统一旦适应了某种路径，从而进入一种舒适的发展阶段之后，无论该路径是好是坏，在发展惯性的作用下，系统就会对此类发展路径产生严重的依赖性。在依赖的过程中，忽略了突破传统路径的有利条件和创新动力，从而被锁定在这一路径内，很难另辟蹊径。从经济学角度来看，路径依赖是指，现在的经济发展阶段性成果严重依赖以前经济发展结果的演进路径。由于不同学者具有不同的研究背景，因此在不同的研究视角下对于路径依赖的理解也不尽相同，但这些研究成果最终形成了一些共识，主要表现在两方面：一是路径依赖既是一种状态也是一个过程。从状态的角度来看，路径依赖是一种锁定效应，这种锁定可能有三种情况，即有效、低效或无效；但是，从过程的角度来看，它是一个偶然性的随机动态过程，严格地取决于历史上的偶然事件。二是路径依赖非常强调系统在演进过程中的时间因素，注重突出历史的滞后作用。这种滞后作用可能是受偶然性历史事件的影响，也有可能是历史演化定律造成的。

因此，路径依赖思想先诞生在自然科学领域，却是在社会科学领域发扬光大的。路径依赖理论在社会经济学领域中的应用，主要表现在三方面，即技术变迁、制度变迁和公司治理。然而，在资源富集区的经济转型研究中，路径依赖理论通常会带来产业结构锁定和管理制度上的锁定。资源富集区由于在资源开发初期或者中期所带来的丰厚利润，在发展的早期阶段就普遍锁定了以矿产开采和矿产资源初加工为主的产业结构，但是工矿企业的产业链条过短，且区域中的绝大多数居民都从事资源开采业、资源加工业和相关其他产业，因此，资源富集区的产业路径锁定效应非常明显。

3

中国资源富集区发展现状

3.1 资源富集区分类

资源富集区蕴藏的大量自然资源，随着开采，各地的经济社会发展程度也存在差异。资源富集区的经济发展，很大程度上依赖于资源产业的发展。综观全球范围内资源富集区的经济发展规律，大致可以划分为四个阶段，资源开发初期、成长期、成熟期与衰退期。

3.1.1 开发初期

根据资源型城镇经济的产生原理，按照资源开采与城镇经济形成的前后顺序来划分，资源富集区城镇有两种发展模式，一种模式为“先矿后城模式”，即城镇完全是由于开采富集资源而逐步出现的，例如，攀枝花、平顶山、大庆、玉门、克拉玛依等。另外一种模式为“先城后矿”，即在当地资源开发之前城镇已存在，由于资源的开发加快了当地城镇的发展。例如，焦作、大同、安阳、邯郸等。

在这一阶段，资源富集区新产业刚刚建设或者资源开发初建不久，只有为数不多的资源富集区把资本投资于新兴的产业，聚集的人力、资本、机器设备等是有限的。由于初创阶段区域内资源开发行业的基础设施等创立投资和资源的研究、开发、物流等费用较高，大众对其尚缺乏了解，市场需求相对较狭小，销售收入较低，因此，这些资源聚集区可能不但没有盈余，反而需要持续投入大量资金；同时，较高的开发配套成本和环境保护成本，以及在这一时期，区域经济发展的特点是经济增长率很高，人口、资本等要素快速增长，城镇基础设施逐步完善，技术不断进步并渐趋定型，区域内富集资源开发的相关产业特点、产业竞争状况及用户特点逐步形成并不断延伸。

区域经济进入资源开发成熟阶段之后，带动区域产业经济增长的传统资源开发产业将会面临产业单一化等风险，同时，由于区域经济经历长期的资源开发之后也已经积累了一定经济基础，使区域经济转型具备了一定条件。在资源开发的成长阶段，因为有大量富集资源等待开发，区域经济不需要考虑经济转型，但是进入资源开发成熟期之后，区域经济面临的内外环境出现变化，区域经济的未来将会面临长期开采之后的资源枯竭窘境，需要区域经济未雨绸缪，提前规划经济转型。经济转型是渐进过程，为了避免由于经济转型而对区域经济造成负面影响，需要在资源枯竭之前提前进行产业转型升级。

3.1.4 衰退期

资源富集区的经济发展经历成熟期之后，将会由于资源枯竭而逐渐衰退。资源富集区的经济与区域内蕴藏的资源同步发展。经历长期开发之后，资源的蕴藏量将会逐渐减少，如果没有提前准备，找到接替产业，区域经济也将步入经济发展的衰退期。

经济衰退期的经济特征主要表现为以下几点。

第一，人口持续外流。因为资源经济的停滞与衰退，现有产业工人的经济收入在下降，生活水平相比于其他地区也会比较窘迫。同时，由于缺乏主导产业的带动，难以出现大量新增就业岗位。这些因素都会导致区域内的劳动力大量外流，使区域经济失去活力。

第二，资本外流。随着开发产业进入末期，开采成本逐步上升，资源富集区进行大规模技术改造的经济可能性很小，为了追求更高利润，资源富集区将会在维持原有投资的基础上逐步减少投资，而把资本更多地投向利润率更高的地区与产业，结果就是区域内的资本持续外流。

在我国工业化、城镇化历程中，资源富集区城镇发挥了重要作用。大多数资源富集区城镇都是国家重要的能源、原材料基地，为中国的经济社会发展持续、提供了大量的原木、原煤、原油以及铁矿石等各种金属、非金属矿物原材料，为中国的现代工业发展奠定了基础，为经济发展做出了重要贡献。

特别是在计划经济时期，各种资源国家统一配置，资源价格低廉，资源富集区城镇的廉价能源、原材料综合性城镇的工业发展做出了很大贡献。由于资源富集区一般分布在中西部欠发达地区，富集资源的开采推动了当地的城镇发展，也是推进当地工业化和城镇化的主要力量。然而，随着工业化、城镇化的发展，由于资本的历史积累过少，目前大多数资源富集区城镇都面临“矿竭城衰”的尴尬局面，而且，相当一部分资源富集区城镇的资源已近枯竭，资源富集区城镇的可持续发展问题已迫在眉睫。

在中国，当前进入衰退期的资源枯竭城镇由于历史遗留问题，造成产业结构单一，转型可持续发展的内生动力不强。目前，中国的各资源富集区，由于现代制造业、现代服务业、高技术产业等接替产业处于起步阶段，传统采掘业占二次产业的比重超过20%，产业发展对资源的依赖性依然较强。人才、资金等要素集聚能力弱，创新水平低，进一步发展接续替代产业的支撑保障能力严重不足。

在这个阶段，如果资源富集区城镇能够及时进行经济结构调整，经过若干年的经济转型之后，资源型产业在城镇经济中所占比重就会不断下降，区域经济的依赖度也会变得很小甚至微不足道，区域经济将会依靠接替产业继续发展，这时区域经济也就摆脱了对资源产业的依赖，从而实现了可持续发展。

对处于资源开发建设初期的城镇，由于生产结构尚不完善，建设的重点应放在通过提高产量实现区域竞争所需要的资本积累，逐步完善市场体系，为将来进行产业结构转换打下良好基础。当自然资源开采稳产、高产后，城镇的产业结构已经成熟，此时应抓住时机进行结构调整、经济转型，实现经济多元化，避免进入资源开发的衰退阶段。

3.2 资源富集区现状

中国的资源富集区主要是指，区域内富集某种资源，由于资源开发而发展起来的城镇、乡镇和工矿区等地区，该区域的经济发展主要依赖于资源相关产业。从城镇化历程来看，城镇是随着产业分工而出现并不断发展的，随着工业化特别是重工业的发展而兴起并逐步壮大的，城镇经济为区域内的国民经济和社会发展做出了重大贡献。

3.2.1 中国资源富集区的确定

中国的资源富集区形成原因多种多样，情况较为复杂，本节在研究中采用2002年国家计划经济委员会宏观经济研究院的研究报告——《我国资源富集区城镇经济结构转型研究》中提出的确定资源型城镇的界定原则和标准来进行资源富集区的认定。其原则为：发生学原则，即资源富集区所在城镇的产生和发展与资源开发有密切关系；动态原则，即研究资源富集区城镇必须关注它的全过程，既要看其过去，更要看其现在与未来；定性研究与定量研究相结合的原则，定性研究的主观因素太多，难以做到科学、准确；经济发展的影响因素众多，而定量研究又过于机械，难以综合考虑很多不宜用数据表示的复杂经济因素。因此，在研究资源富集区城镇时，科学的方法是定性与定量相结合。

资源型城镇的认定有以下四个标准。

（1）产值比标准：资源采掘业产值占资源富集区工业总产值的比重，一般应该在1%以上。

（2）产值规模标准：资源采掘业的产值规模，不同级别的城镇标准不同。具体来说，县级市的资源富集区的产值规模应超过1亿元，地级市资源富集区的产值规模应超过2亿元。

（3）就业比率标准：资源采掘业从业人员占资源富集区全部从业人员的比重，一般应在5%以上。

（4）就业规模标准：资源采掘业从业人员规模，对县级市区而言一般应超过1万人，对地级市区而言一般应超过2万人。

3.2.2 中国资源富集区城镇的现状

2013年，国务院颁布《全国资源型城市可持续发展规划（2013~2020年)》，按照以上划分依据和标准确定的中国资源富集区城镇共262个。

其中，河南省有15个地区进入《全国资源型城市可持续发展规划(2013~2020年)》名单，具体如下：

地级行政区：

洛阳市、南阳市、平顶山市、三门峡市、焦作市、濮阳市、鹤壁市；

县级市：

永城市、登封市、新密市、巩义市、灵宝市、禹州市、荥阳市；

县：

安阳县。

3.3 资源富集区问题

由经济增长与产业结构调整的关系可知，当一个地区的需求结构发生变化后，产出结构也应发生相应变化来达到新的供需平衡与协调。中国经济经过多年发展，特别是改革开放后，人民生活水平得到很大提高，需求结构发生了很大变化。资源富集区由于经济上对自然资源的依赖性，产业结构比较单一，不能与变化的需求结构相适应。因为产业结构决定产出结构，资金、技术、人力资源等因素决定产业结构。下面，从这几个方面分析资源富集区在产业结构调整过程中所具有的特殊性。

3.3.1 经济发展面临的问题

这些资源型城市经历了长久的资源开采期后，现在大多数已经进入资源开采的成熟期与衰退期，在区域产业结构调整、经济转型、生态环境修复等方面均面临着一系列问题。

1. 产业结构单一、资本积累能力弱

资源富集区多以采掘业为主，城镇化水平随着资源采掘业的发展而发展，其产业结构在形成过程中的特殊机制导致该地区的第二产业是产业结构中的主体，城市的重工业比重超高，呈超重型的特点。能源、原材料工业与配套产业成为产业体系的主导产业，与民生相关的现代服务业一般较落后，形成较为单一的产业结构。

资源富集区城镇产业组织的单调性还表现在所有制结构上，其主要特征表现为大中型全民所有制资源富集区较多，控制力较强，而其他所有制性质的集体资源富集区、民营资源富集区的竞争力较弱；从资源富集区的规模来看，主要表现为采掘业的大型、中型资源富集企业为主，资产规模相对比较庞大，承担了较多社会功能，也能很好地执行国家政策与法规，资产沉淀较多，在经济发展中转型成本较高。相对而言，小型资源富集区更重短期利益，忽视长期利益，但能快速转型，更快地引入现代服务功能，这一类资源富集区较少。

城镇化是社会分工的结果，一般综合性城镇的成长是一个自然过程，其形成和发展的导向呈多元化，是随着社会分工和商品经济的发展，导致大量的人口和工商业资本的集中流入，聚集产生规模效益，导致城乡分离时产生的。这些城镇大多均匀分布于自然地理条件较好的交通要道、资本云集之地。而资源富集型城镇则截然不同，它是在勘探发现可以利用的资源之后，在国家政策、方针的指导下，短时期内聚集了大规模的人力、物力和资本，跳过了农业资本和商业资本阶段，直接进入开采挖掘的工业生产阶段，从而获取大量的资源产业收入，以此为基础进行城镇基础设施建设，从而发展城市经济。

在中国的工业化阶段，对于资源的需求急剧上升，在聚集经济和规模经济的作用下，产生了一大批这类资源富集型城镇，并在经济建设中不断发展，各种形式的资源富集区城镇不断崛起。由于自然因素，自然资源富集区往往位居山区或交通不便的地区，因此，资源富集型城镇的形成多数是建立在以资源开发为主的大资源富集区建立之后，随着人口慢慢增加而逐步发展成为一定规模的城镇。这种城镇建设的突发性与跳跃性特点，是资源富集区城镇与一般自然形成的城镇的主要区别。例如，河南省平顶山市在全面开采煤田之前是一片原野，以传统的农业经济为主，不存在发达的现代工业体系，在 1954 年发现大型煤矿之后，国家集中力量进行开发建设，从开滦、鹤岗、焦作等城镇调来大量技术骨干人员，到 1957 年由于人口的增加才设立平顶山市，在短短几年时间内，就建立了一座城镇，发展成为工业城市。经过 50 多年的发展，2015 年自然资源业产出在平顶山市的国民生产总值中仍占 21.2%。并且劳动生产率较低，产品结构单一。类似这种突发式的城市建设，造成了此类资源富集区城市的基础设施不完善，支柱产业过于依赖富集资源，产业结构单一。

2. 技术结构水平落后

产品中所包含的科技含量决定了产品在市场中的竞争力，产业的发展也依赖于科技创新。中国当前大多数资源富集区城镇以采掘业为主的工业部门和生产技术结构基本处于中下等水平，主导产业技术装备趋于老化，亟须进行更新换代，实现智能化、信息化。

在科技结构和人才结构上来看，国有大型资源富集区人才储备充足，也能吸引足够的优秀人才，资源型产业人才济济，但是由于行业限制，其表现为技术人才相对单一化，其他现代服务业所需的产业科技力量相对不足，技术创新人才显得匮乏。

众所周知，资源富集区城镇形成初期是以资源产业为支柱的，专门化发展是该类城镇最主要的特点，自然资源的基础性、支柱性、不可再生性等特点决定其参与城镇经济运行的特有作用、规律。

资源富集区的经济可持续发展问题，是中国当前该类地区面临的主要问题之一。自然资源一般为非再生性资源，并且在当前技术条件下是国民经济中不可替代的资源，由于矿产资源的可耗竭性，随着开采的长期持续，区域内的原始自然资源储量必将面临衰竭。耗竭性和不可再生性是自然资源的基本特点。因此，随着资源富集区城镇的发展和自然资源的枯竭，资源富集区城镇存在着经济发展难以为继的问题。并且，自然资源的蕴藏量与开采的基础条件的关系决定了资源的开发周期，也决定了城镇存在的周期，也就是说，资源富集区的生产规模和资源富集区的生产服务年限以及所在城镇的经济周期都依赖于当地的自然资源富集度。当资源富集区生存、发展所依赖的资源基础衰竭消失，围绕该类资源建立起来的采掘、加工资源富集区的生产能力也可能随之消失、转移，连带引发当地城镇劳动力的转移流出。如果此时城镇经济没有及时转型，新的替代产业尚未形成，城镇经济将会出现衰败的局面。

3. 产业关联度低

长期以来，由于基础薄弱，资本积累不足，中国的一些资源富集区的经济发展严重依赖其采掘业，国家产业政策也倾向于对某些资源型工业的鼓励发展，致使资源富集区的城镇经济对初级资源产品开采的过分倚重，尤其是资源富集区城镇的采掘业一业独大，主导产业在地区经济中举足轻重，地位特别突出。可是，这种经济结构对于地方其他产业的关联带动作用相对较弱，城镇中除主导采掘业及其配套加工工业之外的民生服务，轻工业和城镇内其他产业发展都显得较为缓慢。这种局面造成地区经济与资源采掘业有较强的联动性，受到资源产业的经济周期影响较大，资源业之外的现代产业相对落后，从产业结构来看，在经济结构中二者之间形成一个产业断层。这种断层式的城镇产业结构使得经济发展脱节，产业结构聚合质量难以提高。

资源富集区，由于历史上建设的原因加上自然资源开采的技术条件要求不算太高，城镇的产业结构中劳动力密集型的产业占重要地位，技术密集型产业、知识密集型产业少。劳动密集型产业对于技术水平的需求不是很高，所以，城镇职工的文化结构中文化层次偏低的比重较大。因此，资源富集区普遍存在科技力量不强、职工文化素质不高的状况。

中国的资源富集区大多分布于内陆地区，所在地区的城镇化水平不高，大量农业剩余劳动力没有转移出来，在这些地区的劳动力成本与经济发达地区相比相对较低，这也是资源富集区进行产业结构调整的有利条件。

3.3.2 资源富集区经济转型压力

2016 年，北京大学经济学院国家资源经济研究中心对中国 116 个资源型地级城镇进行了研究，研究对象占全国资源型地级城镇 293 个的 39.59%，覆盖河北、新疆、内蒙古、辽宁、广东、山西、山东等 24 个省（区、市），此次评价范围涵盖了成长型、成熟型、衰退型、再生型等各个经济发展阶段的资源富集区城镇。这能够全方位地代表中国各种类型的资源富集区类型，涵盖了中国各地区的差异性，既有东部、西部、南部、北部、中部的资源富集区城镇，也有东北地区老工业基地；同时，研究对象也涵盖了享受区域性政策（京津冀一体化）等多个层面。该中心项目研究组通过多种渠道搜集了资源富集区城镇特征的第一手数据，这些数据能够反映各地区经济发展的能力、压力、预警和创新等方面的指标。项目组采用了熵值法等赋权方法，对于研究对象的经济能力、转型压力、预警和创新发展情况进行了综合评价。通过评价，在能力、压力、预警和创新几个层面得到了研究对象的发展情况、经济发展中存在的问题和进一步改进的措施。①

根据该项目的研究成果，他们将转型压力指标体系按其领域分为资源、环境、经济、社会四个子系统，具体分为四个分类指数，其中，资源富集区城镇转型压力指数最能反映资源富集城市的经济转型压力。

---

① 引自北京大学经济学院国家资源经济研究中心网站。

在该研究中，项目组把资源型城镇转型能力进一步细分为城镇的经济发展能力、资源利用能力、民生保障能力、创新驱动能力以及环境治理能力五个子系统。采用熵值法赋权计算后得出结果，目前资源富集区城镇转型压力总体结论为，全国地级资源富集区城镇转型压力指数均值为 0.337，压力指数达到平均值以上的有 51 个城镇，占全国地级资源富集区城镇的 43.9%，应考虑通过外力协助减轻其转型困难。转型压力最高的城市是宁夏回族自治区的石嘴山市，压力指数为 0.524；转型压力最低的城市是陕西省咸阳市，压力指数为 0.164。在 0.5 以上的亟须转型的资源型城镇有 3 个，分别是石嘴山市（0.524）、七台河市（0.512）、乌海市（0.505）。[①] 这些城镇由于资源依赖性强、资源枯竭、资源价格下跌等因素，面临的产业转型压力最大，当前城市经济面临着最为严重的转型问题。

通过计算结果可以看出，由于东北地区、华北地区的老工业基地是当前面临转型压力较大的资源富集区。南方地区的资源富集区城镇大规模开发普遍较晚，资源蕴藏量丰富，预期尚可开采年限长；而且，南方地区资源开采业之外的其他产业经济发展势头较好，经济社会转型压力尚未凸显，压力则普遍较轻。

由于资源富集区的经济长期限于转型困境，为了帮助这些地区的发展，2017 年 4 月 21 日，国家发展和改革委员会、财政部等五部委联合印发《关于支持首批老工业城镇和资源富集区城镇产业转型升级示范区建设的通知》。

① 引自北京大学经济学院国家资源经济研究中心网站。

4

资源富集区经济发展规律分析

4.1 区域经济发展的基本规律

城镇就是在一定区域内政治、经济和社会文化的中心，城镇聚集了大量资本、掌握了先进技术的人力资源和物质资源。从古今中外的区域经济发展来看，都需要遵循共同的经济规律。这些经济规律主要表现在，对城镇发展具有重大影响的城镇发展动力机制、经济结构演变等方面，这些规律在区域经济发展的不同阶段表现为不同的特征。

4.1.1 城镇化进程的阶段性规律

无论是城市、城镇和工矿区，都是因资源开采而建立发展起来的区域经济中心，根据城市的规模大小，我们把它分为城市、镇和工矿区，为了研究叙述方便，下文我们将其统称为城镇。

从本质上讲，城市是建立在分工基础上的，城镇的产生和发展是从人民的需要出发的，这种需要成为城镇建立和发展的根本动力。在这些城市中，人们为了方便生产和生活而集中，从人口变化来看，主要表现为大量人口的流入，也是城市发展的原动力。人口的集中就要求充分利用资源，有目的的与自然环境融合，建立一种适应人类生存和发展需要的经济环境，从而提高社会共同福利水平。特别是工业革命之后，建立在市场交换基础上的这种经济环境产生了远比过去几千年来自给自足的自然经济更高的生产效率，这也使得城市经济迅速发展。城镇的产生和发展表现在两方面：一方面，表现为社会生产力的提高；另一方面，是为了生产效率更高而进行的教育，促使人的素质提高。

因此，城市的发展既要重视经济效率的提高，更要以人为本，满足人们对于美好生活的需要，以适应城市发展的客观规律，建立一个舒适、方便、优美、宜居、和谐的城市。

通过对一些城市发展历史的研究，城市地理学家诺色母发现城市经济发展具有基本的共同规律，城市化的路径表现为一条接近扁平的曲线，这条曲线也称为诺色母曲线。根据诺色母曲线，城市经济发展可分为三个阶段：在初期阶段（城市化率30%以下），由于经济发展水平低，城市中工业发展需要的资本、土地、劳动力主要来自传统的农业积累。同时，工业的发展也为农业中剩余劳动力提供了就业机会，促进了城市第三产业的发展，这一阶段的城市化发展是十分缓慢的过程。在中期阶段（城市化率在30%～70%区间），经过初期阶段的缓慢发展，城市已经具有了相对雄厚的工业基础，成为城市经济的主体与支柱力量，在工业经济的带动与帮助下，区域内的农业劳动生产率大大提高，也促使更大数量的农村剩余劳动力转入城市经济，以服务业为主的第三产业快速发展。这一阶段是经济结构变化很大的阶段，是城市经济快速发展的阶段。城市化的后期阶段（城市化率在70%～90%区间），由于农业是基础产业，农业人口和农业生产必须保持一定的规模，经过中期的加速发展之后，农业剩余人口已经大量流入城市，城市发展将趋于逐步稳定。这一阶段经济发展的主要特征，是由工业经济向服务经济的转变。提高经济质量和城市生活质量，是这个城市化阶段的主要任务。

城市经济发展的最初动力来自农业。农业是城市化的基础，为城市经济发展提供了最初的资本积累，农产品提供了城市工业的原材料，农村剩余劳动力提供了城市经济发展需要的劳动力，随着城市范围的扩大，人口的不断涌入，城市也为工业产品提供了广阔的销售市场。

市场化、工业化与城市化密切相关，城市化、工业化与市场化又相互促进、共同发展。经过城市初期的经济发展，农业经济在城市经济中的比重逐步降低，城市经济发展的推动力逐步让位于工业经济，城市工业替代农业成为下一阶段城市化的最直接、最具推动力的力量。随着市场经济体制的建立，大大促进了城市工业经济的发展。经过工业化、城市化的快速发展，城市经济将进入下一发展阶段。经过工业化发展之后，工业经济在城市经济中的比重也将稳定，同时，随着科学和技术在经济生活中的大量应用和推广，又为城市经济发展提供了新动力。创新大大提高了社会生产力，改变城市的产业结构、劳动力结构和资源利用率，促进城市经济的集约化发展。创新改变了人们的生活方式和城市空间形态，改善城市环境，加强城市和农村地区的协调发展。科技进步已成为推动城镇发展和提高城市化质量的重要动力。

城市是由经济、社会、生态环境等组成的一个综合系统，城市生态系统是城市人居的基础，是由城市人口、绿色植物、动物、微生物、自然资源等要素组成的一个生态系统，在生态系统内部和外部和其他生态系统之间，存在着极其复杂的物质和能量的转换及人口、车辆和信息沟通及维护一定程度的相对平衡。一旦城市生态严重失衡，就会出现空气污染、噪音超标、土壤结构破坏等各种各样的城市问题，阻碍城市的进一步发展甚至造成灾难性的破坏。因此，城市生态系统的动态平衡，是保持城市健康发展的必要条件。

4.1.2 产业结构演变规律

产业结构是指，各产业在经济中的比例结构。产业结构在经济发展的不同阶段是不断演变的。从横向联系方面来看，产业结构由简单化向复杂化演进，不断推动产业结构向合理化方向发展。

认识城市化的演变规律，有助于正确制定城市经济发展战略。经济发达区域与落后区域的良性互动，是经济发展的关键。过去，我们通常把生产力区域均衡布局作为城市经济政策的追求目标，但效果并不理想。在一些生态环境脆弱、基础薄弱、发展条件不好的区域，不应该仅仅盲目追求经济增长，而应该更多考虑使用转移支付、教育、生态移民等公共服务手段，缓解人地关系紧张的矛盾。

威廉－配第（William-Petty）和 C. 克拉克（C. Clark）在产业结构上进行了大量研究，提出了在经济学中被普遍接受和认可的产业结构经济定理。威廉·配第认为，在国民收入与劳动力流动之间存在一定的关系，1940 年，C. 克拉克在威廉·配第学说的基础上进一步提出了配第—克拉克定理。这一理论认为，随着社会经济的发展，劳动力流动与经济增长之间存在一定的规律，伴随着人均收入水平的提高，促使一个区域内劳动力先由第一产业向附加值高的第二产业转移；经过一定阶段的发展，人均收入水平会进一步提高，这时区域内的劳动力便会由集中于第二产业向附加值更高的第三产业流动；在这两个流动过程中，劳动力在第一产业的就业率会持续下降，而在第二产业和第三产业的就业率则会持续提高。事实证明，全球范围内普遍存在这一现象，经济发达的国家（地区），人均收入水平越高，以农业为主的第一产业劳动力就业率相对越低，而以工业为主的第二产业和以现代服务业为代表的第三产业劳动力就业所占比重相对越高；反之，经济落后的国家（地区），其人均收入水平越低，以农业为主的第一产业劳动力就业率相对越高，而以工业为主的第二产业和现代服务业的第三产业劳动力就业所占比重相对越低。

在一个新的产业形态出现之前，城市经济的产业链缺乏技术升级和延伸。随着引入高新技术产业对传统产业进行改造，可以创造一些新的产业形态，如光电产业、汽车电子产业、智能化生产等。凡此种种，不一而足。现有产业的价值链延伸，是提高产业结构附加值的一种途径，也是培育城市经济未来发展的主导产业。

4.1.3 产业集群理论

产业集群是指，在某一区域内，相关产业及其相关研究机构、行业协会、政府服务组织集结成群的经济现象，它是产业行为主体优化资源配置、提升经济效率、增强竞争力的一种市场化行为。主要表现为企业间基于竞争优势的劳动分工相互结网、互动的产业组织模式，最基本的特征是竞争性配套与合作，具有产业链条长而且配套完整、产业内部专业化分工细、交易成本低、人才集中、科技领先、公共服务便利等众多优势，因而具有强大的市场竞争力。从一个区域或城镇的产业发展选择角度看，应注意其与城市经济之间的关联程度，能否延伸区域内现有产业链或提升现有产业技术水平，能否最终融入集群中，增强地区或城镇的产业发展潜力并提升整体的产业竞争力。

美国经济学家钱纳里运用投入产出分析方法、一般均衡分析和计量模型，以第二次世界大战后的工业化发展为对象进行了大量研究，构建出经济的“标准结构”，作为发展中国家经济发展的参考标准。钱纳里根据人均国内生产总值将经济内部结构发展划分为三个阶段、六个时期，这三个阶段包含从不发达经济到成熟工业经济的变化过程。同时，钱纳里也强调，经济结构的转化是经济发展的主要推动力，从任何一个发展阶段向更高一个阶段的跃进都是通过产业结构转化来实现的。

德国经济学家W. 霍夫曼（W. Hofmann）也对产业结构有深入研究。他研究了近20个国家的经济数据，通过对时间序列数据的统计分析，提出了著名的霍夫曼定理。即随着工业化进程的推进，工业内部结构也在不断变化，主要表现为消费资料工业比重下降，即资本资料工业在制造业中所占比重不断上升并超过消费资料工业所占比重。根据霍夫曼定理，在工业化初期，消费资料工业迅速发展，并为工业发展积累资本，在工业制造业内部居于主要地位；重工业为代表的生产资料工业则不发达，在工业中所占比重较小，霍夫曼比率是5。在工业化的第二个阶段，生产资料工业发展较快，消费资料工业速度减缓，而生产资料工业的规模仍低于消费资料工业的规模，霍夫曼比率为2.5。这个过程还会一直持续下去，到了工业化成熟阶段，消费资料工业与生产资料工业在规模上大致相当，霍夫曼比率是1。结构变化继续发展，到了工业化发达阶段，生产资料工业在工业中的比重最终就会超过消费资料工业并继续上升。

4.2 资源富集区经济发展的客观规律

4.2.1 自然资源城镇经济结构演变的“倒序性”

地区的产业结构和资源赋存状况息息相关，特别是自然资源型城镇是因煤建市、因煤兴市，它的经济增长严重依赖自然资源及其相关产业，产业结构偏单、偏重，严重制约、影响城镇经济的持续发展和繁荣，因此，该类城镇产业结构的演变过程具有特殊性：

在现代经济增长中，三次产业结构转变始于工业化过程。在工业化过程中，工业内部各部门之间也将发生重大的结构变化。大量的产业结构统计分析说明，不仅整个产业结构演变过程表现出明显的阶段性和有序性，而且这一过程的每一阶段也表现出这一演化特征。在工业化过程中，结构演变表现出双重的阶段有序性：一是轻工业为中心的工业向以重工业为中心的工业推进，即重工业化；二是无论轻工业还是重工业，都会以原材料工业为中心的发展向以加工、组装为中心的发展演进，即“高加工度化”。除了工业发展的重心由轻工业到重工业，以原材料工业向组装加工业的转移，工业资源结构（主要是劳动力、技术和资本的结合关系）的重心也相应出现阶段有序性变动，即劳动密集型→资本密集型→技术密集型的转变。在工业化发展进程中，霍夫曼比率不断下降。自然资源型城镇由于城镇建设的突发性，在城镇建设初期，经济发展的重点就是集中力量开发富集的优势资源。因此，自然资源城镇从产生的那一天，以自然资源及其关联产业为主的重工业就在城镇经济中占有重要地位，霍夫曼比率很小。随着城镇产业结构的完善，轻工业、重工业的比例走向协调，霍夫曼比率会逐渐变大。从平顶山市不同时期的霍夫曼比率，就可以看出这个趋势，见表4－1、表4－2。

表4－1　霍夫曼工业阶段指标

工业化阶段	霍夫曼比率
第一阶段	5（+1或－1）
第二阶段	2.5（+1或－1）
第三阶段	1（+0.5或－0.5）
第四阶段	1以下

资料来源：杨治．产业经济学［M］．北京：中国人民大学出版社，1985：60。

表4－2　河南省平顶山市工业阶段指标

年份	历年工业总产值（万元）	霍夫曼比率
1960	33 010	0.26
1970	20 489	0.37
1980	109 314	0.32
1990	789 912	0.54
2000	3 804 293	0.41

资料来源：霍夫曼比率是笔者根据《平顶山统计年鉴》的相关数据整理计算而得。

从表4－2可见，河南省平顶山市1960年的霍夫曼比率是0.26，1980年随着工业体系的完善，霍夫曼比率变为0.32，到2000年，霍夫曼比率变为0.41。一般地区的霍夫曼比率变化趋势是随着工业化程度的提高，霍夫曼比率由大变小，到最后阶段才降到1以下。自然资源型城镇由于工业化的特殊性，霍夫曼比率的变化趋势与一般地区恰好相反，呈现出“倒序性”。

4.2.2　经济结构单一，对资源采掘业依赖度高

自然资源富集区城镇是在自然资源开发利用的基础上兴起和发展起来

的，主导功能突出，初期产业结构单一。自然资源采选业产值在城镇工业中占有较高比重，支柱地位明显。1992 年，全国 80 个资源富集区城镇的采选业产值占地区国民生产总值的平均水平为 40.6%，七台河市更达到 92.93%。2015 年，河南省平顶山市的自然资源业产值占全市工业总产值的 28.3%，整个采矿业占全市工业总产值的将近 41%。说明自然资源开发为主的矿业经济还是平顶山市的经济支柱，全市的产业结构过于单一，平顶山市的经济发展还依赖于自然资源产业。

自然资源城镇产业结构重型化突出，轻重工业之比为 1∶2.18，全国城镇产业结构轻重工业之比平均为 1∶1.15。在自然资源型城镇的重工业内部产业比例失调，全国 80 个资源富集区城镇的采掘业与加工制造业的比例为 1∶1.01，而全国城镇的平均水平为 1∶16.05。从大同、阳泉、鸡西、鹤岗、淮南、淮北、平顶山这七个典型的资源富集区城镇看，在这七个煤城中，第二产业的增加值比重明显高于全国城镇的平均水平。而第一产业和第三产业的增加值比重，则明显低于全国城镇的平均水平。

由于大部分自然资源城镇都是依靠大规模的国家投资和计划配置资源模式建立起来的，虽然近年来结构调整取得了一定成效，但城镇经济的国有性质特征仍较为明显。在大同、阳泉、鸡西、鹤岗、淮南、淮北、平顶山这七个典型的自然资源城镇中，1997 年国有产值占乡及乡以上工业总产值的比重平均为 66.2%（平顶山为 60.5%），虽比 1992 年下降 13.1%，但与全国 668 个城镇平均相比仍高 26.2%。说明在这些典型的自然资源转型城镇中，所有制结构还比较单一，国有经济成分偏重，非公有制经济还没有完全发展。

2001 年，河南省平顶山市的人均 GDP 为 6 131 元，相当于 741 美元，但从平顶山市的历年就业结构和产值结构可以看出，第一产业和第三产业的国内生产结构不够合理。根据钱纳里统计的国际上同一经济发展水平的标准产业结构，人均 800 美元时，第一产业和第三产业的国内生产结构应为 18.6% 和 40.5%。第一产业结构的降低，说明该地区工业化水平明显提高，从业人员就业结构也应随之降低。但从统计结果来看，2001 年，平顶山市的第一产业从业人员比例大大高于国际上同一经济发展水平的比例。第三产业的兴旺发达，标志着经济社会的进步程度。经济现代化越高，第三产业在国民生产总值中所占比重也越高。第三产业比例偏低，说明该地区的经济发展水平还不高。第二产业的比例明显高于国际标准，从表面上看，似乎说明该地区的工业化阶段已经达到了一个相当高的水平。但仔细分析可以看出，在工业内部的轻重工业比例严重失调。从表4-3可以看出，自20世纪60年代以来，重工业在工业总产值构成中一直占据优势地位，尤其在80年代以前，其比重占70%以上，80年代以来，其比重逐渐下降，但仍占优势地位，90年代后其比重又逐步回升。这主要是自50年代自然资源开发到70年代末，以自然资源工业为主的重工业一直处于优先发展的地位，所以其比重一直占据绝对优势地位；80年代后，对发展轻工业也采取了一系列优惠措施，并相继建设了一批轻工资源富集区，从而使轻工业比重逐步上升；90年代后，为了充分发挥矿产资源优势，新建、改建、扩建了许多以围绕矿产资源开发利用为主的重工业项目，从而使重工业的生产能力进一步扩大，其比重自然逐步回升。在重工业内部，80年代以前采掘工业占绝对优势，在乡及乡以上全部重工业产值中，采掘工业占60%以上，80年代后，随着产业结构的调整，加快了电力、冶金、机械、化学、建材等工业的发展，使重工业内部结构发生了显著变化，但在工业中仍占主导地位。

表4-3　　平顶山市历年轻重工业产值构成　　单位:%

类型	1952年	1962年	1978年	1985年	1995年	2005年	2015年
轻工业	69.8	26.9	21.6	35.7	35.2	30.2	27.9
重工业	30.2	73.1	78.4	64.3	64.8	69.8	72.1

资料来源：本表根据《平顶山市统计年鉴》2015年的数据整理而得。

资源富集区的城市产业结构现状，现在已呈现出严重的缺陷。现阶段的经济已由传统体制下的供给导向型经济转变为市场经济体制下的需求导向型经济。买方市场的形成、消费结构的升级，致使资源富集型城镇产业结构转换升级滞后的问题充分表现出来。从平顶山市的情况看，产业结构不适应市场变化、不适应消费结构变化的问题，主要表现在工业结构不合理上。从工业结构上看，重型化的特征仍很明显，能源、原材料等基础产业比重过大。在乡及乡以上工业总产值中，采掘工业、原材料工业比重分别高出全国和省40.98%和26.29%，传统产业比重占90%以上，新兴产业和传统产业之间关联度小，产业替代难度大。电子等第三代工业、知识型产业几乎是空白，高附加值、新技术密集型产业还处于萌芽状态。在产品结构方面，“三多、三少、三低”的问题突出，即原材料产品多，制成品少，附加值低；生产型用品多，进入消费领域的产品少，市场占有率低；粗加工产品多，精深加工产品少，科技含量低。总的来看，产品适应市场需求变化的能力差、竞争力弱。新产品产值占工业总产值的比重低。

在自然资源城镇的产业结构中，劳动密集型行业占据重要地位，技术密集型产业、知识密集型产业少。因此，普遍存在科技力量不强、职工文化素质不高、产品附加值低的问题。

在自然资源城镇中，产品结构中初级产品和劳动密集型产品较多。据有关资料显示，在7个典型自然资源城镇的工业产值中，生产“原”字号产品的自然资源采选业产值比重均在24.2%～69.8%区间，平均为43.2%。与原煤生产相关联的洗选、炼焦等行业的加工深度和资金技术含量都较低，高附加值、高科技含量的产品不多。1997年，平顶山市的高新技术资源富集区仅有5家，在向市外输出的产品中，90%以上是以自然资源为代表的能源。

由以上分析可知，自然资源城镇的产业结构尚不合理，以采掘业为主的重工业在产业结构中比重过大，第三产业的比重太低。这种结构严重影响城镇经济的持续、稳定发展。我们知道，产业结构的生产能力主要由该系统的固定资产结构决定。固定资产是构成产业结构系统生产能力的物质基础，固定资产的存量结构在一定的技术条件下不但决定着产出结构，而且，基本决定了中间要素的投入结构。因此，要发展第三产业，需要调整投资结构。

近些年，大家已经认识到了这个问题，投资结构开始转变，倾向于第三产业的发展。从平顶山市历年资源配置效果（见表4－4）可以看出，近些年随着投资结构的改善，资源配置效果明显变好。这也说明，以前及现在的产业结构还不合理，需要进一步调整。

表4－4　河南省平顶山市部分年份固定资产投资结构

年份	第一产业		第二产业		第三产业	
	总值（万元）	构成（%）	总值（万元）	构成（%）	总值（万元）	构成（%）
1985	12 942	10.1	78 973	61.3	36 828	28.6
1990	19 269	13.1	84 427	57.3	43 598	29.6
1995	23 621	6.4	195 801	53.6	145 451	40.0
2000	38 703	7.7	189 229	37.7	274 164	54.6
2010	96 327	17.6	195 609	35.7	255 667	46.7

资料来源：根据《平顶山统计年鉴2012》整理计算而得。

在自然资源城镇建设初期，投资大部分用于自然资源产业的扩大再生产，投资于生产过程中的环境治理不足，忽视了环境保护和恢复，导致自然资源城镇的环境破坏较严重。

4.2.3 城镇经济和自然资源经济发展的共生性

由于自然资源是可耗竭资源，储量是有限的，这就决定了自然资源经济的发展必然经历一个从勘探到开采、高产稳产（鼎盛）、衰退直到枯竭的过程。而资源富集区是以自然资源作为经济支柱的，因此整个城镇经济的发展必然跟随自然资源经济经历一个兴起、繁荣和衰退的过程。但是，如果资源富集区在高产稳产期，利用积累的资金、技术、人才等，及时进行产业结构调整，逐步把重点转移到培育非自然资源支柱产业上，就能顺利实现城镇经济的持续发展，如图 4 -1 所示。

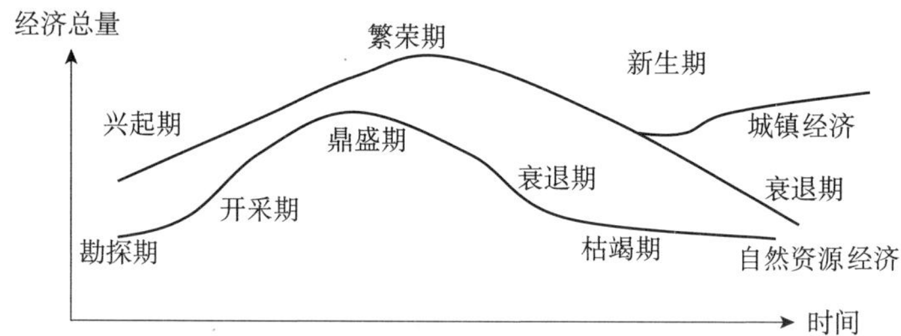

图 4 -1 自然资源经济与城镇经济发展规律

资料来源：本图由笔者根据张以诚主编《煤矿城市与可持续发展》一书第 83 页的图表合并整理而得。

在经济发展的各个时期，城镇经济与自然资源经济也具有相关性，随着自然资源工业的发展，城镇经济也不断壮大；当自然资源工业效益下滑时，城镇经济的增长速度也将放慢。由表 4 -5 可以看出，在平顶山市的经济发展过程中，平煤集团与平顶山市的发展关联度很强，平煤集团工业增长态势与平顶山市工业总产值和 GDP 的发展轨迹大致吻合。在 1985 年、1995 年、2005 年平煤工业总产值增速较快时，平顶山市工业总产值增速也较快；1991 年、1995 年平煤工业总产值增速放缓时，平顶山市工业总产值增速也相应减慢。

表 4-5　平煤集团工业增速与平顶山市经济增速对比　单位:%

年份	平顶山市 GDP 增速	平顶山市工业总产值增速	平煤集团工业总产值增速	平煤集团工业总产值占平顶山市比重
1985	17.5	14.7	11.3	21.2
1988	14.1	14.3	3.3	18.2
1991	7.6	5.2	-0.9	18.6
1995	11.5	14.4	4.8	16.9
2005	8.0	3.1	-1.7	20.8
2015	7.6	8.4	3.6	11.8

注：①速度按不变价计算，比重按当年价计算。
②平顶山市工业产值为乡以上口径，平煤集团工业产值为国有口径。
资料来源：本表根据《平顶山统计年鉴》相关数据整理计算而得。

资源富集区的经济发展依赖于资源采掘业，对自然资源的开发采掘是一把“双刃剑”，一方面，为国家的工业化进程提供原料，带给人们丰富的物质财富，促进地区经济发展和社会进步；另一方面，也造成了一系列环境灾害和生态破坏问题，给当地的农业生产建设带来了很大的负面影响。

自然资源采掘业不仅生产活动要占用土地，而且为自然资源采掘服务的交通设施、矿山生产过程中堆放的大量固体废弃物也需占用土地，有的地区因自然资源开采而产生的地面裂缝、变形及地面塌陷等也大量破坏土地。这些土地一旦被占用，地表植被、土壤等生态系统将遭到极大破坏，导致草场退化、沙化、森林被毁坏，耕地质量退化。自然资源采掘业大量占用土地，主要是由于废渣的堆放。由于采掘生产破坏地表植被的同时，也留下大量废渣，这些废渣需占用大量土地。环境破坏严重、工农矛盾突出。

自然资源采掘区地表塌陷较严重，而对塌陷地的复垦整理工作相对滞后。地表塌陷严重影响土地的自然状态，破坏土壤的营养成分，使地表各类建筑物受到破坏，农田高低不平，灌溉设施失效，或使土地盐渍化，甚至大面积积水而无法耕种。这些大面积的地表塌陷对当地村庄、建筑、道路、植被、耕地、灌溉设施乃至地下水系造成极大破坏，严重影响了矿区的生态环境。

在以自然资源采掘业为主的城镇中，由于采煤破坏了水环境的天然状态，改变了水资源原有的循环规律，造成严重的矿井水、洗煤水污染以及大气烟尘污染。中国煤矿年排放矿井水 22 亿吨，其特点是量大、毒性小、污染以悬浮物（泥沙和煤粉）为主，有的有放射性，有的因开采高硫煤而导致矿井水呈酸性。酸性矿井水危害性较大，是煤矿水污染的一个主要问题。采煤初期，矿井水量主要来自煤系地层的储水构造，如淡水灰岩含水层，水量相对较小。随着采空区的扩大，加上长期放炮震动，造成煤层顶板破裂，使相邻含水层及地表水渗入矿井，自然资源中的可溶性有害物质又与水结合生成新的污水。在一些自然资源开采区，由于管理工艺不完善，洗煤厂未经处理大量外排煤泥水，加重了水体污染。

这些被破坏和占用的土地是对生产资源的一种浪费，同时也是资源富集区进行产业结构调整的优势。这些土地经整理后可以作为农业用地，塌陷后形成的水面也可以用来进行渔业生产，或作为旅游资源进行开发。许多资源富集区已经并正在这样做，取得了很好的效果。开发利用这些土地既恢复了生态环境、减少污染，也解决了下岗职工的再就业问题。

4.3 资源富集区城镇转型的必要性分析

4.3.1 资源富集区城镇转型是可持续发展的客观要求

可持续发展必须遵循两个基本原则，一个是发展原则；二是可持续发展原则。追求人的发展必须是可持续的。传统的发展模式是粗放型的经济发展方式，增加投资，增加消费，将使发展对自然资源的依赖程度更高。然而，自然资源的有限性和不可再生性使传统的发展模式难以为继。资源丰富地区的城市转型，是可持续发展的核心内容和迫切需要。城市资源富集区作为一种特殊类型的城镇，是在资源大规模开发的基础上，依靠外来大量人力资源投入，迅速发展，依靠地方资源和外部投资。随着矿产资源的日益减少的变化，矿业收入下降或资源型产品市场，资源危机将导致城市经济危机和生态危机的日益突出，不仅为城市转型发展对可持续发展之路，使城市资源丰富的地区。

4.3.2 资源富集区城镇转型是城镇竞争力提升的关键

城市竞争力的关键，在于主导产业的竞争力。然而，由于资源型城市资源型产业竞争力较弱，资源丰富地区城镇竞争力也很弱。根据 51 个资源丰富的城市在中国经济发展的分析，得出资源型城市经济发展明显滞后，其他全国城镇。资源型产业竞争力低下的原因主要表现在以下几个方面：第一，资源型产业的附加值低。第二，资源产业的波动性较大。第三，资源型产业具有边际收益递减特征。第四，资源型产业，而非可持续性产业。第五，资源型产业的有机构成较低。中国的实际情况也决定了资源丰富的地区必须转变城镇。中国的资源丰富的地区，城市人口规模普遍较大，大部分的资源丰富的地区城镇都有适度的规模。这么多的人口是不可能实现异地移民的。资源丰富地区城镇的衰落，将给国家和社会带来巨大的冲击和压力。解决这一问题的可行途径是实现资源丰富地区城镇的产业转型，就地实现产业转型。

5

资源诅咒及其预警

5.1 资源诅咒

资源诅咒是一个经济学专业术语，反映了资源富集区城市发展中经济社会的发达程度与可再生资源相悖的相关经济社会问题，具有一定的普遍性。其主要内容是指，在一个自然资源丰富的国家或地区，富集的自然资源应该是大自然恩赐给当地人的巨大财富，当地的经济发展应该更快更好，人们的生活应该更加富足安康。可是资源富集区经济发展的现实特殊规律却表现为，大多数自然资源丰富的地区比同等地理位置条件下的资源稀缺地区经济发展更慢。

在这些地区的资源大量挖掘开采过程中，同时造成了这些地区环境严重污染，产业结构单一，经济发展缓慢，社会的犯罪率较高等一系列的经济问题、社会问题和环境问题。从表面现象看，这些负面问题与富集资源相关联。因此，从这个角度看，自然资源既是财富，又是经济发展的祸根。区域经济严重依赖于某一种或几种相对丰富的资源，从而导致该地区人力资本投资不足，科技相对落后，贸易条件恶化、环境破坏严重、犯罪率高等。这种现象是一些经济学家最早在对荷兰的经济研究中发现的，因此，就把这种现象形象地称为“荷兰病”或资源诅咒。

5.2 资源诅咒的预警

我们借鉴国家统计局发布的宏观经济预警指数来预测资源富集区的经济

发展，宏观经济预警指数的十个组成指标是，工业生产指数、固定资产投资、金融机构贷款、工业企业利润、进出口关税、货币供应量、社会消费品零售总额、城镇居民人均可支配收入、居民消费价格指数财政收入。结合资源富集区生产经营状况的综合分析，我们以资源富集区核心企业作为观察对象，选定资源富集区内核心企业及区域相关数据为指标来预测资源富集区的经济发展趋势，对资源富集区的经济进行预警，避免走入资源诅咒陷阱。

以下为资源富集区经济预警监测系统的结构及运行机制。

资源富集区经济预警监测系统则是通过对资源富集区经济指标进行过程监控，随时发现问题、解决问题。也就是说，资源富集区经济预警监测系统不仅是在意识到资源富集区可能出现资源诅咒问题时才使用，它更注意的是日常监控，随时充分考虑各种可能导致预警的原因，重视从细微处发现问题，以便及时对症下药。因而，资源富集区经济预警监测系统不同于判别分析，它以判别分析为基础，进而对资源富集区经济进行过程监控。

1. 原则

建立经济预警监测系统是为了给人们提供资源富集区经济风险可能发生的有效信息，指导人们及时地发现资源富集区经济运行中的问题，从而能够及时地采取相应的防范措施，因而整套系统必须要有较为严密的科学性。可以说，科学性是整个系统的灵魂和核心所在，也是整个资源富集区经济预警监测系统建立过程中应奉行的基本指导思想。在上述指导思想下，资源富集区经济预警监测系统的具体构建要遵循以下原则。

第一，动态化原则。经济预警监测系统对经济风险的监测不仅具有预测未来的价值，而且，要具有分析未来经营趋势的作用，它要求预警监测必须把过去与未来连接在一起，把资源富集区的经济活动视为一个动态过程，在分析过去的基础上，把握未来的发展趋势。因此，反映、分析和评价资源富集区经济运行状态及其变化趋势的经济预警监测系统必须具有动态性。即资源富集区的经济预警监测应是一种长期的动态分析监测，而不能仅仅是一种静态反映。

动态性还体现在这个经济预警监测系统必须根据市场经济的发展、经济风险的变化而不断修正、补充监测的内容，确保经济预警监测系统的先进性。动态分析监测还可以反映资源富集区核心企业经营者对风险的态度和防范风险的能力。以此为前提，综合各种风险因素用来监测资源富集区核心企业经济风险并预警经济失败的预测分析工具，不仅要具有系统性，而且要具有动态性，这是由经济风险因素自身的复杂性和可变性决定的。

第二，系统化原则。由于经济风险是一系列因素综合影响的结果，因此，作为分析和评价经济风险的资源富集区核心企业经济预警监测系统必须综合反映各种因素的致导效应。经济预警监测不仅要求监测指标具有先进性，而且要求监测对象必须具有完整性和全面性。只有将经济管理过程中的各种显性风险和隐性风险、体内风险和体外风险、即期风险和预期风险都进行监测，而且对各类风险的各个影响因素都予以充分考虑，进行综合系统分析，才能对经济风险进行全面、有效的监控。

第三，实用直观原则。预警是一种预报，即在资源富集区的经济状况出现恶化或发生险情之前，就能够及时地发现风险，并发出警报。这要求所设计的经济预警监测系统应非常直观地反映资源富集区核心企业经营活动的潜在风险，使用者一看就能理解和掌握；实用性要求所选择的经济预警监测指标应能反映敏感的问题，即预报的信号要明确，判断要简单，不能把指标搞得过于复杂。

2. 功能

从资源富集区经济预警监测系统的定义以及资源富集区核心预警监测系统的构建原则可以看出，一个有效的资源富集区经济预警监测系统应具有以下功能。

第一，监测功能。即能够通过对有关信息及数据的分析、跟踪、预测发现资源富集区核心企业现存的和潜在的问题、风险。当可能危害资源富集区核心企业经济状况的关键因素出现时，资源富集区核心企业经济预警监测系统能发出预警信号，以提醒企业经营者早做准备或采取对策以减少经济损失。

第二，分析功能。有效的资源富集区经济预警监测系统不仅可以根据跟踪监测结果，预知并预告资源富集区发生经济衰退风险的大小、营运状况的优劣，还能运用各种分析工具和方法及时寻找出导致资源富集区经济状况恶化的原因，使经营者知其然，更知其所以然。

第三，改善功能。通过对资源富集区经济数据的监测、分析诊断，可以及时发现异常并进行分析，根据分析结果制定针对性的措施，阻止经济状况进一步恶化，通过有效治理，更正资源富集区运营中的偏差或过失，降低风险，使资源富集区恢复到正常运转轨道，从而避免严重的资源诅咒发生。

第四，强化功能。有效的资源富集区经济预警监测系统不仅能降低资源富集区风险，及时回避现存的资源诅咒，而且能够通过系统、详细地记录资源诅咒发生的缘由、处理经过、解除危机的各项措施，以及处理反馈与改进建议，可以弥补资源富集区现有经济管理及经营中的缺陷，完善资源富集区经济预警监测系统。这样，既能提供未来类似情况的前车之鉴，避免重犯同样或类似的错误，又能不断增强资源富集区的免疫能力。

3. 子系统

一个完整、科学有效的资源富集区经济预警监测系统要能够发挥上述功能作用，必须有一个科学合理的结构作保证。因此，我们认为，资源富集区经济预警监测系统应该包括经济预警子系统、分析预测子系统、经济报警子系统以及经济处理子系统四个部分。

（1）经济预警子系统。

良好的资源富集区经济预警监测系统，要想有效地预知并预先防范资源富集区经济风险的发生，必须建立在对大量资料系统分析的基础上，抓住每个相关的资源诅咒征兆。主要资料包括内部数据和相关外部市场、行业等数据。这个系统应是开放性的，不仅有财政人员提供的经济信息，更有人力资源、科技等其他渠道的信息。这里的经济信息系统不仅是指一般意义上的资源富集区经济核算报告系统，还包括对经济资料的认真阅读、分析和评价，以及寻找资源富集区潜在的经济风险并及时进行消除。

经济预警监测信息子系统的有效运行，需要以两大辅助系统——经济管理信息系统和相关经营信息收集与分析系统为基础，在一定程度上，资源富集区经济预警监测机制进行的是信息再加工活动。通过对原始信息的整理分析，向经济管理者提供更直接、更有意义的决策信息。所以，完整、实时的原始信息收集对其有效运行具有基础性和决定的作用。受日益激烈的竞争与日益复杂的经营环境影响，对原始信息真实性、可比性，尤其是实时性、完整性的要求也越来越高。因此，也要加强这两个辅助信息系统的构建工作。

经济风险预警监测是建立在对经济数据信息进行甄别、加工和处理基础上的，经济信息的真实性、完整性和及时性直接关系到经济风险预警监测的质量，并影响经济风险预警监测系统职能的发挥。因此，资源富集区必须严格遵守有关财经法律法规和制度、强化监管和约束，改善经济工作的环境，以保证经济信息的真实性、完整性和及时性。经济管理信息系统要能提供及时、真实、完整、可比的资源富集区经济信息。资源富集区相关经营信息收集与分析系统，则要能提供同行业、国家宏观信息甚至全球的相关外部信息。有了这两者的有力支持，资源富集区经济预警监测系统才能更早、更有效地发现资源诅咒的蛛丝马迹。

预警信息子系统是资源富集区经济预警监测系统的基础，对该系统要进行经常、科学地维护与更新，以保证其具有准确、完整、简易、实用、高效的特性。

（2）分析预测子系统。

分析预测子系统包括，经济指标体系、预警准则以及预测方法三部分。

①资源富集区经济预警监测系统的分析预测方法。

资源富集区经济预警监测系统的分析预测方法，可以采用总体模式或分部门模式。

总体模式可以掌握资源富集区的经济整体运作是否出现潜在的危机，指出目前资源富集区经济运营中可能存在的盲点，使资源富集区经营者能够预先了解资源富集区的经济风险。总体模式通常可以采用多变量模式和单变量模式进行设计，此外，还有资源富集区自身预警体系的要求。

a. 采用总体模式可以先运用多变量模式思路，建立资源富集区的多元函数预警公式。该公式是通过对各变量 X 的内容或其加权的系数加以修正调整后，建成符合资源富集区要求和特色的总体预警模型。该模型是一种综合评价资源富集区风险大小的方法。当预测资源富集区是否会面临经济失败时，只需将资源富集区的多个经济指标同时输入模型中，便会通过计算得到一个结果，然后根据结果就可以判别资源富集区整体经济风险的大小。

资源富集区建立多元函数预警模型，可以采用功效系数法、m 指数模型对资源富集区整体运营状况进行综合分析。

功效系数法是针对以往模型的一些缺陷而提出的。功效系数法认为，以往的模型，无论是 Z 分数模型还是 F 分数模型，都认为指标数值越大就越不易发生资源诅咒。但是，一般而言，经济指标针对指标数值的大小与所反映经济状况的好坏分为四种类型。

指标数值越大越好的，可定义为极大型指标；

指标数值越小越好的，可定义为极小型指标；

指标数值趋向于某一个数值为好的，可定义为稳定型指标；

指标数值在某一区间为好的，可定义为区间型指标。

因此，在经济预警监测模型的架构中，仅仅选择极大型指标为预警变量，简单地认为预警指标数值越大越好是不太合适的。采用功效系数法构建的资源富集区经济预警监测系统分析模型是在更广泛的领域内选择相关的预警指标，而非仅仅选择极大型指标。

在方法上，则借鉴改进的国民经济效益综合评价的常用方法之一——功效系数法。功效系数法对所选定的每个指标规定两个数值：一个是满意值；另一个是不允许值。然后，设计并计算各类指标的单项功效系数，再根据各指标的重要性，运用德尔菲法等方法确定各指标的权数，用加权算术平均或加权几何平均得到的平均数，即为该资源富集区的综合功效系数。根据综合功效系数的大小，即可进行警情预报。该法按以下规则，确定单项功效系数：

指标数值（即下述公式中的实际值）越大越好的，可定义为极大型变量，如经济增长率、资产周转率等；指标数值越小越好的，可定义为极小型变量。指标数值在某一点最好的，可定义为稳定型变量；指标数值在某一区间最好的，可定义为区间型变量，如失业率。对上述四类变量分别设计单项功效系数。

当实际值<满意值时，极大型变量单项功效系数=〔（实际值－不允许值）/（满意值－不允许值）〕×40＋60；

当实际值≥满意值时，极大型变量单项功效系数＝100。

稳定性变量单项功效系数＝(1－|实际值－不允许值|/|不允许值－满意值|）×40＋60

当实际值>满意值时，极小型变量单项功效系数=〔（实际值－不允许值）/（满意值－不允许值）〕×40＋60；

当实际值≤满意值时，极小型变量单项功效系数＝100。

当实际值<下限值时，区间型变量单项功效系数=〔1－（下限值－实际值）/（下限值－下限的不允许值）〕×40＋60；

当下限值≤实际值≤上限值时，区间型变量单项功效系数＝100；

当实际值>上限值时，区间型变量单项功效系数=〔1－（实际值－上限值）/（上限的不允许值－上限值)〕×40＋60。

综合功效系数＝$\sum$(单项功效系数×该指标的权数)/权数。

根据综合功效系数的数值大小，可将警情划分为相应的警限区间，如表5－1所示。

表5－1　警限区间

警情	综合功效系数	说明
巨警	≤60	表明资源富集区经济风险极高，资产状况很差
重警	60～70	表明资源富集区经济风险很高，资产状况较差
中警	70～80	表明资源富集区经济风险较高，资产状况一般
轻警	80～90	表明资源富集区经济风险较低，资产状况较好
无警	≥90	表明资源富集区经济风险很小，资产状况良好

确定了各类警限区间后，便可通过观测综合功效系数所在的区间监测警度，预报警情。

m指数是两个相关流动性因素的比率，用于确定资源富集区经济失败的概率。在给定期间，m指数是资源富集区的初始矿区盈余基金和分析期间内的净资金流量之和，除以分析期间内的区域净资金流量之和的不确定性。其公式如下：

$$m\text{指数}=\frac{\text{资源富集区的初始矿区盈余基金}+\text{分析期间内的净资金流量}}{\text{分析期间内的区域净资金流量之和的不确定性}}$$

初始矿区盈余基金——由未使用的矿区发展基金、生态恢复基金和初始计划投资余额组成。

分析期间内的净资金流量——资源富集区的资金流入总量减去资金流出总量的差额。

分析期间内的区域净资金流量之和的不确定性——可以用分析期间内资源富集区工商业净资金流量的标准差来计算。

用上式确定了m指数值，则可以从标准正态分布表中查出有关的数值。例如，m值为2.33时，查标准正态分布值为0.990 1，表明问题不发生的机会有99%，问题发生的机会为1%。①

功效系数法所需数据易于从相关经济统计报表中获得，具有较强的可操作性，因此，不失为一种简便、易行的分析资源富集区整体经济风险的方法。

---

① 田高良，左大海，张世晨．企业财务风险预警系统研究［J］．西安邮电学院学报，2001（4）．

一般来说，资源富集区 m 指数在 9 或 9 以上，则资源富集区的经济是健康的，如果 m 指数在 15 或 15 以上，可以认为资源富集区的经济状况非常安全。m 指数为 3 表明必要资金离场流出超过手头可得资金的概率为 1‰，m 指数为 3.9 表明，出现的概率为 1/2 000。如果 m 指数为 1.64 时，相当于有 5% 的概率会出现必要的支出超过手头可得资金。

m 指数的判别标准，见表 5－2。

表 5－2　m 指数的判断标准

m 指数	资源富集区的经济衰退概率
m = 1.64	1/20
m = 3.90	1/2 000
m≥9.00	不可能

使用 m 指数的好处很多，m 指数集中在资源富集区资金流动性的关键因素上。另外，由于采用了资金流量的标准差，m 指数剔除了那些偶然的、突发的、不规则的资金流量。

当然，m 指数这一方法也有缺点，主要在于，它十分依赖于长时间跨度和不同行业性质的收入预测，与经济活动相关的资金流量的预测过于紧密相关，在有些时候是令人怀疑的。如果资源富集区对它的预测毫无把握，那么，较有力的 m 指数也不能说明什么问题。

当然，资源富集区的经济预警监测不应局限于已有的研究成果，而应根据实际情况设计符合自身特点和要求的多变量预测模型。

采用总体模式还可以运用单变量模式的思路。在总体模式中运用的单变量模式是从单个经济指标中找出一些较具综合性的指标，这些指标能从整体角度衡量资源富集区经济风险的大小、经济的安全程度等。

运用单变量模式的思路，可以通过计算资源富集区的经营依赖系数和经营安全率来衡量资源富集区的经营风险。经营安全率具体说来，是由损益平衡点安全率和资金安全率共同构成的。

一般来说，当两个安全率指标均大于零时，资源富集区经营状况良好，可以适当采取扩张策略；当资产安全率为正，而安全边际率小于零时，表示资源富集区经济状况良好，但创新能力不足，应加强科技管理，增加资源富集区经济的创造能力。

当安全边际率大于零，而资产安全率为负时，表明资源富集区经济状况已露险兆，积极创造自有资金、开源节流、改善资源富集区的经济结构成为资源富集区的首要任务；

当资源富集区的资金安全率指标和资产安全率指标均小于零时，则表明资源富集区的经营已陷入危险境地，随时都有爆发资源诅咒的可能。

b. 运用单变量模式思路，还可以通过计算资源富集区的经济依赖系数和资金安全系数来衡量资源富集区经济风险的大小。

经济依赖系数 = 资源业产值/经济总产值

相对于总体模式而言，部门模式根据资源富集区各主要经营部门职能、特点等的不同，来分别设立不同的相应预警标准。部门模式一般都是需要根据各行业、各部门的情况，采用单个经济指标单变量模型，对资源富集区的经济运行状况进行分析。如采掘行业的产品成本、商业系统的综合费用、金融部门的利息费用、行政部门的管理费用等，以检测资源富集区经济运行中可能出现的不平衡，并及时加以改进。一方面，部门模式可以协助总体模式，寻找经济问题的根源，便于经济决策者对症下药进行管理；另一方面，也可以使各行业通过系统间的沟通协调来解决存在的问题，从而促进资源丰富地区综合经济效益的提高。

建立资源富集区经济分部门预警模式的方法是，依资源富集区营运活动分别设定各系统、各部门、各行业检查要点的警戒值，将其实际值与警戒值相比较，诊断资源富集区经济运营的弊病，分析原因、改进对策，设定期限和负责人进行整改，及时治理。

一般来说，资源富集区的生产经营情况受到许多因素的影响，各种因素之间既有联系，又有区别。分部门模式计算的每个部门的某些比率反映的内容往往有限，无法全面揭示资源富集区的经济状况。总体模式从总体宏观角度检查资源富集区经济运作状况及其是否呈现不稳定的现象，从而提前做好经济风险的规避或延缓危机发生的准备工作，有利于不同时期经济状况的比较。分部门模式则有利于资源富集区各部门及时、动态地把握本部门的风险所在。为了更好地降低资源富集区的经济风险，避免和防范资源诅咒，笔者认为资源富集区宜采用总体模式和分部门模式相结合的方式，对资源富集区各项经济指标进行计算分析。这就相应要求在构建资源富集区经济预警监测系统中的经济指标体系时，要考虑到这两种模式相结合的预测分析方法对构建资源富集区经济预警系统指标体系的要求。

②资源富集区经济预警系统的预警准则。

预警准则是判别和评价资源富集区经济陷入资源诅咒的风险严重程度的

标准和原则。它用来决定在不同情况下是否应该发出警报以及发出何种程度的警报。要依据科学的方法对资源富集区经济风险建立完整的评估与分析标准。

反映资源富集区经济运行情况的指标处于哪个区域，应有一个判断的数量界限，称为临界值。资源富集区在具体运用资源诅咒预警指标时，要根据自身特点、经营特点以及经济环境等实际情况进行风险分析，以确定适当的预警临界值，并要以警兆指标为先导指标，实施动态管理。这样，才能在警兆指标发生异常时，及时报警，进而采取有效措施，把警情消灭在萌芽状态。

临界值确定是否恰当，对能否正确判断起决定性作用。应针对本资源富集区的每个经济指标制定出适合本资源富集区实际情况的安全区间、一般风险区间、重大风险区间，以此确定经济预警信号是否重要。在制定指标区间时，应考虑行业水平、社会平均水平、资源富集区特点、产业政策、技术含量、本地或同行业历史经验，要注重科学性和实用性相结合。对不同区间的设置，可以就单个指标进行，也可以是全部指标（或选取主要指标）综合加权并举。在预警系统运行过程中，要不断对系统指标进行评价，淘汰不用的指标，增加更能反映本资源富集区实际问题的新指标，使预警系统保持先进性和有用性。

具体来说，资源富集区各类不同指标可以采用不同方法确定其安全区间、一般风险区间、重大风险区间。可采用以下几种方法：第一，采用国际上通常用的数值，结合中国实际情况进行调整。第二，采用国家或行业的平均值的方法来确定。用平均先进水平作为安全区间与一般风险区间的界限。用平均落后水平作为一般风险区间与重大风险区间的界限。第三，采用社会平均率来确定。如资本收益率、资本保值增值率可以用存贷款利率作为安全区间与一般风险区间的界限。通过专家调查再确定一般风险区间与重大风险区间的界限。第四，资源富集区根据实际情况，定出每个指标的目标值和不允许值作为临界值的数量界限。如资源富集区可以运用比较分析法、比率分析法来考察其历年自身经济指标的变化趋势，并借鉴行业指标的平均值与先进资源富集区的指标值来判断自身经济状况的好坏。

③报警子系统。

报警子系统主要是根据已计算出的反映资源富集区经济风险的指标值，与预警准则对比，按一定的报警模式发出不同程度的警报。本章采用预警信号系统作为资源富集区经济预警系统报警模式。

预警信号系统是通过对若干反映资源富集区经济状况的敏感性指标和相关数据的处理，将多个指标合并为一个综合性指标，用一组类似于交通信号灯的标志，把每个指标和综合指标当前所处状态直观地表示出来，用以判断优劣，并做出正确评价。该系统主要根据已计算出的反映资源富集区经济风险的风险指标值、综合评价值以及预测值，按照一定的报警模式发出不同程度的警报。

具体可以将每个经济预警指标及风险的重大程度分为三个区域，即安全区间（亦称正常区间，为绿灯区）、警惕区间（即一般风险区间，为浅绿灯区间和黄灯区间）、警报区间（即重大风险区间），需要分别采用不同的政策来处理。预警指标的临界值，是划分预警区间的依据。安全区间表示资源富集区经济运行处于正常状态。资源富集区经济效益好、资源配置、利用合理，有发展后劲，这是资源富集区追求的目标。黄灯区间表示，资源富集区经济运行处于不正常状态，要引起资源富集区的警惕。若采取一定措施可转为浅绿灯区间，若不重视可在短期内转为浅红灯区间。警报区间表示资源富集区经济运行处于极不正常状态，经济效益差、负债率高、资源配置不合理、缺乏发展后劲，必须找出原因，采取有效措施，使经济恢复正常。

也可以采用一定标准，将每个预警指标细分为五个区间，如表 5 – 3 所示。

表 5 – 3　　预警区间信号及意义

显示灯	预警区间	表达意义
红灯	[a，b1]	失败
浅红灯	[b1，b2]	严重警告
黄灯	[b2，b3]	警告
浅绿灯	[b3，b4]	提醒
绿灯	[b4，b]	正常

这种将每个预警指标细化的报警系统更方便资源富集区及时检测自身经济运行状况，但可能会使资源富集区运用该子系统的成本过高。因此，资源富集区究竟采用何种报警子系统，还应根据自身情况进行选择。

④预警处理子系统。

当预警处理子系统出现黄灯或红灯时，就表示资源富集区经济将呈现不健康状况，经营者应早日根据数据所代表的经营内涵进一步深入研究分析判断，找出蛛丝马迹、对症下药，以防经济恶化。

在资源富集区经济预警监测系统提出预警信号的基础上，进入预警机制的最后一个阶段——出台预警处理措施。预警处理措施是根据资源富集区经济预警系统实施过程中报警子系统提出的信号显示进行分析，针对其所代表的不同风险类别采取的解决、消化风险的一系列办法和措施的总称。预警处理措施是资源富集区经济预警系统的目的。资源富集区在建立预警处理子系统时，可以先建立一个预警对策库。

预警对策库是事先准备好的在各种风险条件下的应急对策集合，资源富集区经济预警监测系统一旦发出风险预报，则根据预警信息类型、性质和警报的程度自动采用相应对策。预警对策库中的对策大多是思路性、提示性的，目的在于预警系统发出警报时，资源富集区可以按照预控对策系统的提示，根据资源富集区的具体情况寻求更实用、有效的实施方案。

此外，预警处理子系统中还应包括预警效果评估及反馈子系统。该子系统通过对资源富集区经济预警监测系统实施过程及运行结果的评估，提出处理反馈意见、改进建议。这样，就可以弥补资源富集区现有经济管理及经营中的缺陷，完善资源富集区经济预警监测系统，避免以后重犯同样或类似的错误。

根据资源富集区经济预警监测系统构建的动态化原则，一个完整的资源富集区经济预警系统其有效性、及时性及自我修复性更主要的体现在其建立了一个动态监测体系，从而可以通过中间控制过程、调节传导机制动态调整临界值，自我更正系统中的偏差及不足；并可以根据预测子系统的分析结果，及时找到资源富集区的经济风险所在。

中间控制过程是资源富集区经济预警监测系统运行机制的一个组成部分，充分体现了对资源富集区经济风险的管理，要设立一些资源富集区经济风险中间控制行为来连接资源富集区经济预警系统，修正控制效果。这些中间控制行为应该具有相关性、可测性、可换性、有效性，其有效性直接关系到资源富集区经济预警监测系统的成败。应当说，资源富集区对经济风险的监测预警系统，是围绕着资源富集区经济预警监测系统的中间控制目标而展开的。具体而言，首先，确定一些相关的经济风险变量，经数理技术处理后合成为中间目标；其次，根据国际惯例或公认的安全指针值，考虑自身的具体情况，确立中间目标的默认值，形成多等级的预警临界值；在预警指标体系建立后，相应的动态监测系统开始启动，通过对资源富集区相关经济风险预测变量的跟踪监测，依据中间目标的预计临界值进行不同等级警情的预报，而且可以通过反馈的信息在一定的自检程序下，修正不合理或脱离实际的预警临界值的预设，从而使资源富集区经济风险预警监测系统成为动静结合、具有进化特征的有效系统。

资源富集区经济预警监测系统的调节传导机制是指，资源富集区经济预警监测系统通过运用各种预警信号的传递，来控制资源富集区经济风险管理工具实施、应用效果，最终达到影响资源富集区经济风险的大小和结构，以改善经济结构质量和状态，达到中间控制目标默认值的过程或作用形式。

资源富集区经济预警监测系统主要通过对各项敏感指标的定期监测和分析，通过对每个指标进行跟踪和反馈来把握各指标的动态变化趋势，从中发现问题，及时预警，或与信号系统相结合来综合评价资源富集区当前的经济状况。因此，应设置一个动态监测体系。动态监测体系设置的具体内容包括两方面：一是指标的定期监测或跟踪追测。在完整的资源富集区经济预警监测系统中，对资源富集区经济风险信号动态的监测表现为一种过程性活动，即是一种在一定时间内进行的持续性行为。根据资源富集区经济预警监测系统的预警要求，这种信号监测可以为常规监测、特殊监测、随机监测等。常规监测最常见的形式就是定期监测，即按一定时间间隔在一定时点进行的监测，对资源富集区经济风险的日常监测，宜采用这种常规动态监测。特殊监测是对特定时间或对象进行的非常规监测，最常见的形式是跟踪追测，对突发性风险事件宜应用非常规的跟踪追测方式。而随机监测是根据资源富集区经营过程中的实际情况，不按照一定时间间隔而是按照需要进行抽样监测。预警指标体系中既有重点监测指标，又有一般监测指标，可以综合、全过程地反映资源富集区经济风险的性质及其变化态势。这需要相应的动态监测体系对资源富集区日常经营的全过程进行监测，包括早期、中期、后期的持续监测，为相应的各类时态指标提供原始资料。在动态监测中最重要的一点是数据的真实性，只有原始资料真实可靠，资源富集区经济风险的估测才会准确，以后的风险管理流程才能顺利而科学地运行。二是反馈自检系统。预警指标体系建立以后，并非固定不变，由于资源富集区经营环境及内部条件的变化，有些指标可能过时，有些指标作用可能下降，因素权重必须降低，有些指标的预警临界值需要调整。在警情预报发出后，资源富集区经济预警监测系统中相应的对策措施开始运作，这些措施的实施效果反馈到预警指标体系，而且相似情况发生的累计数积累到具有统计意义的时候，对预警指标体系就应该进行适当调整了。对各指标预测能力的自我检验，可以依据以下几个信号或指针进行。正确信号发出率、错误信号发出率、警报等级差错率。但对预警指标体系的调整应当慎重，以免使日常监测工作因指标的频繁调整而无所适从。

由于现代化电子技术应用广泛，资源富集区经济预警监测系统可以采用日益广泛的电子技术来为风险信号采集和传送服务，在对资源富集区经济风险的动态监测、资料记录、数据处理、警情预报上计算机网络技术将会起到越来越大的作用。

从以上对资源富集区经济预警监测系统功能、结构及运行机制的分析研究中可以看出，资源富集区经济预警监测系统运作的流程其实是，分析现状，了解资源富集区目前经济管理系统工作的状态，详细的调查收集经济信息，并对其分析、加工、归纳；辨别风险，按照标准化、专业化的原则发现资源富集区经济风险，经反复研究后，能比较准确地指出风险所在，发现经济隐患；制定对策，当明确经济风险以后，就可以制定化解资源富集区经济风险的备选的具体方案，并从多个备选方案中选择较优化的方案；在实施对策之前，要向有关人员详细讲解实施该对策的目的、过程及效果。将职责落实到每个部门及有关人员，按照对策的要求进行工作；效果评价，对预警的实施对策进一步观察矫正，不断发现新问题，及时改进对策，强化信息反馈功能，评价对策的实施效果，是否避免或化解了资源富集区经济风险和资源诅咒。

5.3 资源富集区经济预警监测系统指标体系

现代经济管理理论认为，资源富集区的经济状况主要取决于资源富集区的经济增长能力、多元化成长能力、资产营运能力和价值创造能力等。

首先，资源富集区经济增长的能力强弱，是资源富集区经济实力和经济状况的重要体现，也是衡量资源富集区是否稳健经营、经济风险大小的重要尺度。资源富集区的经济风险具体体现在经济增长能力上，即经济风险表现为破产危机。一个资源富集区的经济增长能力和资源诅咒、政府破产风险息息相关。由于破产界限在于不能清偿到期债务，经济增长能力很差的资源富集区往往面临较大的破产风险（经济失败）。因此，资源富集区经济预警监测的指标体系，必须能充分反映资源富集区的经济衰退风险。

其次，资源富集区的价值创造成果，是资源富集区追求的终极目标。价值创造能力的大小，是资源富集区存在和发展的基础。从长远观点看，一个资源富集区要想远离资源诅咒，必须具有良好的持续价值创造盈利能力。因为价值创造、增值盈利能力是资源富集区内政府、企业和居民偿债和信用的保障，是资源富集区长期、稳定的资金来源。一般而言，价值创造盈利能力强的资源富集区，经济基础越牢固，资源富集区对外筹资的能力和清偿债务的能力越强，资源富集区发生资源诅咒的可能性越小。因此，一个资源富集区是否会陷入资源诅咒，不仅与其偿债能力密切相关，更重要的在于，这个资源富集区的经营状况和发展前景。资源富集区只有拥有持续稳定的获利能力，才能从根本上保证资源富集区的偿债能力。可以这样说，反映资源富集区盈利风险和发展风险的指标间接反映了资源富集区的经济风险。因此，资源富集区经济预警监测系统的指标体系必须包括能够反映资源富集区的盈利风险和发展风险的指标。

再次，资产营运状况是反映资源富集区资产管理和使用效率的一个重要内容。资源富集区加强资产营运管理的目的就是加速资产的周转速度，谋求等量资产创造更多的效益。而且，资产的营运状况不但从一个方面反映了资源富集区的盈利能力，而且间接地反映了基础管理、经营策略、市场营销等因素的影响。如果资源富集区在上述某些方面做得不好，也会危及资源富集区的生存发展。因此，资源富集区经济预警监测系统指标体系应该包括反映资源富集区资产管理风险的指标，以便通过这些指标从资产营运状况的角度分析资源富集区经济风险的大小及产生原因。

最后，还应从整体角度对资源富集区经营的不确定性进行分析，以掌握资源富集区的经济整体运作是否存在潜在风险。前述指标多从一个侧面反映资源富集区的经济状况，有一定的片面性和局限性；综合性的经济指标则是根据对资源富集区经济状况和经营情况总体变化的性质、趋势进行系统分析，从而掌握资源富集区的经济整体运作是否出现潜在危机，指出资源富集区目前经营运作中可能存在的盲点，让资源富集区经营者能够预先了解资源富集区的资源诅咒。

基于以上分析，本书所构建的资源富集区经济预警监测系统指标体系包括经济增长风险预警监测指标、资产管理风险预警指标、价值增值风险预警监测指标、发展风险预警监测指标以及综合预警监测指标五个内容；并按照一定的标准，将这些指标划分为重点监测指标和一般监测指标，这样既保证了重点监测指标的主体地位，又对重点监测指标偏离部分予以修正，减少了错误概率，而且，通过这两种指标的结合可以更深入地分析资源富集区的经济风险。

需要说明的是，因为现代经济管理理论中对反映上述各种风险的指标都有研究，说明了指标的内容、为什么某个指标能够反映某种风险以及从哪个角度说明，限于篇幅，本书对这些常规指标就不再多作说明和解释，仅就资源富集区管理中的一些新变化、中国的实际情况以及某些指标的缺陷，对其中一些指标作了一些修正。比如，由于资源富集区能否持续经营下去，并不在于资产规模的大小以及账面上经济利润的高低，而在于资源富集区是否有足够的资金流支撑。而且，由于资源富集区资产的种类很多，资产的质量和变现能力各不相同，就加剧了传统指标分析资源富集区内部风险的不准确性。基于以上两个原因，为了满足资源富集区经济预警监测系统对于监测资源富集区经济风险的要求，避免不能偿付到期债务而陷入资源诅咒的现象发生，本书增加了与资金流量相关的指标或者以资金流量对一些指标作了修正以提高分析的准确性及针对性。有关指标的选择以及指标的增删修正等具体内容，将在下文详述。

确定反映资源富集区整体价值风险的预警指标时，要依据国内外现有的资源富集区整体价值风险预警监测模型、方法，结合每个资源富集区经济运行的实际情况，选择适合本资源富集区的模型或方法。比如，可以选择国内外较常用的 Zeta 模型、国内学者根据中国的实际情况以及环境变化所做出的 F 分数模型，还可以采用上文中介绍过的其他模型以及功效系数法，等等。当然，每个资源富集区在选择应用各种模型、方法时，应结合本地区的实际情况对其做一些修正，以使依据所选模型、方法得出的结论更符合资源富集区经济运行的实际情况。

6

资源富集区经济转型的因素分析

本书采用 SWOT 分析法，也称作优势（strength）、劣势（weak）、机会（opportunity）和威胁（threat）分析，从根本意义上说，这是一个决策过程，最早由美国旧金山大学的管理学教授在 20 世纪 80 年代初提出，分析资源富集区经济转型的影响因素。SWOT 分析法将经济、环境、社会三方面考虑进去，从综合全面的角度，分析经济转型过程中内部与外部分别遇到的优势与劣势，以直观的方式展现出来。

早在 20 世纪 60 年代，就有人提出过 SWOT 分析中涉及的内部优势和弱点、外部机遇和威胁这些变化因素，但只是孤立地对它们加以分析。在该方法应用的初始阶段，仅仅被用作企业的战略管理，通过分析企业内部因素（优势和劣势）以及外部因素（机会和威胁），为企业的战略规划提供依据。经过不断发展，该方法的应用不再只局限于单个企业的战略管理，被赋予的意义逐渐延伸，延伸到产业群体、区域经济、城市规划乃至国家战略等领域。

SWOT 分析，即对研究对象四个方面的环境因素（S、W、O、T）进行分析。S（strength）表示影响研究对象发展的各种优势，一般指研究对象自身所包含的、能使其在发展中具有优势的各种因素；W（weak）表示研究对象自身的缺点，会对其在发展中造成一定的不利影响；O（opportunity）表示研究对象在所处的大环境中，其发展时所能够利用的各种机遇，通过抓住机遇促进自身的发展；T（treat）表示研究对象所面临的各种威胁或者挑战，包括来自外部的竞争，等等。

6.1 有利因素

6.1.1 资源

伴随着人类社会的不断发展，资源在经济增长中一直起着十分重要的作用。人类在自然界所获得的可再生资源及非可再生资源，是一切生产活动最直接也是最基本的投入要素，是一切经济活动的根本。经济转型的本质，是为实现经济的可持续健康增长。如果缺少资源，经济增长无从谈起，经济转型将变得毫无意义。人类技术进步、社会发展的实质，也表现为对资源利用效率的不断提高。在人类社会发展的任意时期，丰富的资源都会是一个地区或国家的巨大发展潜力，并为之带来充裕的财富。

一国的资源禀赋状况在很大程度上会影响该国经济发展水平，对比资源贫瘠国家，资源丰裕国家能通过石油、天然气和煤等矿产资源的开采来实现资本积累，破除经济发展中资本不足的制约，进而推动经济转型，顺利实现经济腾飞。

充裕的自然资源赋予了欠发达资源富集区经济发展一定的先天优势，然而，实现经济可持续发展的关键在于能否正确地利用这些资源，将先天优势转化为后天优势。对待资源的利用方式应当是因势利导——伴随资源的开发，从中逐步汲取发展的力量，并一步步摆脱资源的约束。具体的发展过程为：由于生产过程是不断循环的，在新的一轮生产过程中资源富集区应该以上一轮生产过程中积累下的财富——人才、技术、资本、制度等为基础，在生产循环中将这种积累不断扩大，推动实际比较优势螺旋上升。在生产循环中积聚的财富，尤其以人才和技术为主，为资源型产业链条的延伸或是其他新兴产业的出现创造了机会。以正确的方式使用资源，并优化利用资源生产过程中所获得的财富，以此达到经济转型的目的，从而最终确保经济社会的可持续发展。

例如，马来西亚作为一个自然资源丰富的国家，将资源生产中获得的资源收益投资于教育和技术，推动高储蓄率，实施了强健高效的行动计划并采取了健全的宏观经济政策；将产业结构从传统的自然资源开采和加工业转为资本技术密集型产业，减少了对自然资源的依赖。石油资源丰富的挪威没有被石油带来的巨大财富冲昏头脑，通过立法规定，用国有石油公司的大部分收入建立一个投资基金，以“保证石油和天然气收入也能够使后辈儿孙受益”。这项基金称作“政府养老基金”，这个基金会的目的在于保证石油收入不被滥用。

6.1.2 土地

土地最初是作为生产要素投入经济活动，但是，随着工业化、城市化的发展，土地作为空间资源的本质越发显现，其主要功能变为承载人类的生产生活，伴随着工业化和城市化进程的加深，土地承载功能越来越体现出其重要性。无论社会经济如何发展，经济活动总需要一定的空间承载，这离不开土地要素的投入。在土地从作为生产功能向作为承载功能用途转换过程中，土地的资本增值功能也逐步显现。土地的稀缺性日趋明显，开始出现了要素之间的替代，技术和资本开始替代土地的生产功能和承载功能。

随着工业化和城市化的快速发展，大量耕地被占用，工业用地和城市建设用地则在不断增加中，每年建设用地占用耕地的数量呈增长趋势。各地加快了经济发展速度，建立了数量众多、纷繁复杂的开发区，以低价出售土地的方式招商引资。较低的土地价格帮助工业企业较快地完成资本积累，减轻企业的负担，也使得一些前期投入成本大、收入不佳的企业，如高新技术企业和制造业等部门能参与到经济转型的推进过程中。

在资源富集型地区，正是由于其广袤的土地，才蕴含了丰富的自然资源。因而，在资源富集型区，土地资源也是十分丰富的。由于土地在整个社会所展现的稀缺性，可以用土地来推动区域经济转型。政府通过低价方式出让土地吸引投资、技术等，加快本地区经济转型。

6.2 制约因素

6.2.1 资源依赖

资源对本地区的经济、社会发展起到了促进作用，但过多使用资源也使得本地区的经济、社会组织模式呈现出资源依赖性的特质。从一般意义上讲，资源依赖是指，该地区的经济和社会关系均依赖于本地区的资源。资源依赖和资源丰裕并无本质上的联系，资源丰裕并非是资源依赖产生的必备条件，然而，不得不承认的是，二者之间存在极强的联系性。对资源的过度使用在短期内会给地区的经济发展做出贡献，带来巨大的经济利益，这通常是诱发资源依赖的原因。

丰富的资源使得企业家和创业者只需要进行资源的初级生产活动就能获得大量收益，从而对制造业、私营企业和创新部门的发展产生挤出效应。制造业、私营企业和创新部门具有“干中学”的特质，这种特质往往是企业家精神、创新动力的显现，因而，过度依赖于资源型产业会导致该地区创新能力的不足。先天的资源优势创造了繁荣的资源型产业，在付出较少的同时带来了经济的高速增长，高额的回报率使得区域在追求经济增长的目标下，更倾向于资源，诱发了思维和行为的惰性。其最终结果必然是技术进步、管理创新、人力资源开发受到抑制，资源配置效率低下，乃至形成资源排斥其他生产要素的逆向发展态势。

在资源富集型区，资源作为生产要素是既富足又廉价的，资本、技术、人力相对而言都是稀缺而又昂贵的，面对需要大量投资的依托物质资本、技术、人力资本来发展的制造业和服务业来说，只需要进行少量投资的依托当地丰富资源来发展的本地工业更受到偏爱。丰富的资源使得企业家很容易攫取大量的经济租金，加大了企业家的惰性，使得企业没有开创新技术、进行人力资本投资的意愿，更没有转变当前经济发展结构的意愿。同时，他们也不愿意放弃原有的经营模式，也不会接受通过以提高生产技术、引进人才等一些投资大、见效慢的方式进行经济提升。企业家在获得生产利润后，并不是全部投资于高新技术研发和创新人才积聚。企业家为实现企业利润最大化的需求，放弃需要大量投资的以高新技术和创新人才投入为主的集约型经营方式，转而选择能最大程度节约资本的、以资源投入为主的粗放经营方式。

资源富集区在长期的资源依赖中挤出了物质资本、人力资本，抑制了创新行为，导致区域经济后期增长乏力。在资源依赖形成之后，由于自强机制的存在（张复明，景普秋，2008），资源部门对生产要素产生特殊的吸纳效应、资源产业家族形成的黏滞效应以及路径依赖形成的锁定效应使得生产要素不断流向资源初级加工产业，以资源初级加工产业为主的家族资源产业规模不断扩张，自我强化机制使得资源型区域陷入资源依赖的锁定状态。

资源富集区在短期内选择依赖资源的发展战略，对地区的经济发展有一定的助力，现有的生产要素如物质资本、人力资本、技术等被大量投入资源型部门，资源型部门的发展呈现“井喷”势态，产品生产能力快速上涨，综合技术水平较原先有显著提升，此时资源依赖不仅没有对经济产生负面影响，反而促使资源富集区的经济发展呈现迅猛增长。然而，随着时间的推延，长期的资源依赖使制度与技术出现了锁定效应，企业管理与技术创新陷入僵局。此时，即便企业选择投资研发新产品和新技术，但由于长期存在的外部性问题，使得技术转化无法实现，难以突破技术困境。最终结果是单一的产业结构、简短的产业链，经济增长速度趋缓甚至停滞不前，经济转型难以实现。

6.2.2 沉没成本

沉没成本从本质上讲是一种历史成本，与可变成本相比，是指那些已经投入了的无法回收也不能再做出改变的成本。当人们在某种商品或劳务上支付了成本，他们会更频繁地使用该种商品或劳务。这一定义关注的是资本成本对后续行为的影响。促使沉没成本产生的一个关键因素，是消费节约的观念。人们通常不愿意接受自己的失误，即投资者也不愿接受先前投入的资金被浪费这一事实。当投资者由于投资失误产生了资金损失，就此停止而不继续投入资金，就等于被动接受资金损失这一事实，投资者也希望通过加大投资成功翻盘，因而沉没成本效应反映出投资者避免投资浪费的愿望。人们通常会采用“心理账户”这一自我控制措施，当最后期限来临或是达到投资限制时仍没有获得预期的结果，考虑到自身的利益得失，人们先在心理上做出抉择，通常选择结束这一冒险行为。当决策者没有达到“心理预算”（预期支出），他们很可能会在沉没成本中迷失，产生沉没成本效应，即决策者决定继续追加投入。初始投资对沉没成本效应的产生有着极大的影响。大量研究表明，沉淀成本效应与初始投资间存在正相关作用，即为当初始投入越大，所产生的沉没成本效应越强；相反，当初始投入较小，随之产生的沉没成本效应也较弱。沉没成本效应也会极大地影响投资者的投资决策，投资者会因为顾忌沉没成本而作出错误的投资决策。

关于沉没成本的概念，宋冬林和汤吉军（2004）认为，沉没成本就是一旦发生了支出行为就无法调整的成本。具体来讲，沉没成本体现在两个层面：一是经济性沉没成本，这部分承诺的投资无法通过价格转移的方式或者再出售的渠道得到完全补偿；二是社会性沉没成本，即一些权力承诺是在契约安排下产生的，一旦这些承诺无法得到实现或终止将产生无法补偿的相关利益。沉没成本是否得到补偿具有重要的分配效应，对资源型区域转型具有根本性的影响。本书主要探讨的是沉没成本的经济性部分。

资源型产业的勘探和开采进入门槛高，通常需要大量初始资本投入，民营企业在与国有企业的竞争中处于劣势，所以资源型行业具有较强的垄断性。而资源型产业一旦形成，其退出的成本会十分昂贵，昂贵到企业不想退出。这主要表现在：一是投入的基础设备具有极强的专用性，如用于石油采掘的基础设备就只能应用于石油开采中，很难转移到其他产业进行再次利用；二是这些基础设备的退出壁垒高，资源型产业在初始形成时投入了大量资金用于购置基础设备，一旦决定要退出资源型产业，这些体现在专用性基础设备上的固定成本往往很难被转出，即使最终能够被转出，最终结果也会导致专用性配套基础设备的浪费或损坏，折现的固定成本大大缩水。

产业沉没成本的存在对经济主体的投资有着重大意义，影响投资的进入与退出。资源富集区在进行经济产业结构转型时，需要对资源型产业的沉没成本进行补偿。资源型地区要想进行经济转型，就必须对经济沉没成本进行补偿，包括企业固定资产损失、生态环境补偿、资源勘探投入费用等。否则，在沉没成本存在的情况下，投资者不会对新的产业进行投资，经济转型难以实现。

6.2.3 人力资本

人力资本（human capital）体现在劳动力上，是指劳动者自身因在教育、培训、实践经验、迁移、保健等方面投资而获得的知识和技能的积累，与物质资本相对立，也称作非物力资本。由于这种知识与技能可以为劳动者带来工资等一系列收益，因而形成了一种特定的资本——人力资本。

资源富集区的主导型产业是资源型产业，而资源型产业的扩张，在一定程度上会压迫制造业与高新技术产业的生存，造成一部分制造业和高新技术产业不得不离开本地区，导致该地区的人力资本积累严重不足。这是因为随着初级产品部门的扩张，该部门的工资水平和投资回报率也会相应提升，人们为了实现自身利益最大化，大量的人力物力渐渐转移至该部门，而资源型产业的特质并不要求具有较高技术水平的人员投入，因而虽然存在大量劳动力，但人员文化素质、技术素质较低。此外，资源型产业也不会将所得利润投入教育行业，更很少对产业工人进行培训，使得地区内部很难积聚人力资本，因而资源型地区劳动力庞大但人力资本存量稀少。

人力资本的缺乏使资源型地区缺乏创新能力，在技术上达不到更新换代，只能沿用原有的产业结构。此外，制造业和高新技术产业的发展需要投入具有高知识水平的人才，人力资源的缺乏使得这一需求无法满足，制造业和高新技术产业很难在本地区生存，经济转型困难。

6.2.4 生态环境

人类的一切活动都是以自然环境为基础的，经济活动的开展也离不开自然环境的支持，自然环境为人类经济活动提供了场所。然而，在进行经济活动以满足人类物质生活需求的同时，污染物的排放对自然环境造成了损害。当污染物的排放超出了一定界限，即环境所能接纳并进行自我净化的范围，就会造成环境的严重恶化。恶化的环境不仅对人类的健康造成影响，同时，阻碍经济活动的进行，制约经济的发展。

自然资源的开采通常伴随着对自然环境的破坏，在中国因对煤炭、石油等资源的开采导致地区生态环境严重破坏是有目共睹的，资源开采的过程具有明显的环境负外部性。在资源富集区为实现地区经济发展而采取加大资源开发力度的方式，势必会增加该地区的生态环境压力，使其环境问题日益显著。随着新发展理念的提出，投资环境的选择上加大了生态环境所占比例，资源富集区因其资源开发活动所带来的生态环境问题必然会恶化资源型地区的投资环境，进而削弱其引资能力。

资源型地区的资源多具有两个特性，有限性和可耗竭性，地区实行单一的初级资源产业结构难以实现地区经济的可持续增长。资源本身的可耗竭性以及资源产业对环境的严重破坏，减弱了资源型地区经济可持续发展的能力。当不可再生资源被消耗殆尽之后，资源型产业随之毁灭，地区经济发展产业链断裂。除此之外，不仅对经济的发展造成严重影响，对生态环境的破坏使人类要支付最多的成本。具体的实例有，对矿产资源的过度开采，造成开采区地表塌陷面积日益增加、对森林资源的大量砍伐使生态环境恶化沙尘暴频频出现、对某些资源的初级加工也会造成大量的粉尘污染致使空气质量下降。因此，必须尽快将资源型区域的转型上升到研究和实践的高度，当自然资源消磨殆尽之后，被破坏的生态环境难以吸引新的投资，经济转型难以实现，经济的可持续发展也只是空谈。

生态环境的破坏在短时间内是一个不可逆的过程，一旦受到破坏很难在较短时间内恢复。即使能够恢复再造也需要经过漫长的时间，为之支付大量的人力、物力和财力。这样一条先污染、后治理的道路，经过国外的实例证明，会对社会资源造成极大浪费。资源富集区经济转型不是为了转型而转型，其根本目的是为了改变现今不合理的发展方式，实现区域经济的可持续发展。这意味着，人类今后要进行的经济活动，先要注重资源的节约利用，保护我们赖以生存的自然环境，实现人与自然、人与人的和谐共处，资源的永续利用。自然环境为经济发展提供支持，经济发展一方面，使得人类摆脱了贫困；另一方面，为解决环境问题提供资金和技术支持，反过来，促进环境的良性循环，因此，环境和经济发展是一个相互依赖，又相互影响的整体。

6.3 外部优势

6.3.1 技术创新

技术创新对经济发展起着极大的促进作用，尤其体现在产品方面的创新，不仅能提高企业的投入产出率，更能直接提高消费者的生活质量。由市场诱导的技术创新，一方面，提高现有产品的生产效率，节约可投入资源；另一方面，开发出适应市场需求的新产品，这类产品能很好地契合客户的需要，具有新的使用功能或产品特色，能打开新的销路，开拓广阔的市场，产品利润高，资金回收快。同时，前沿技术的开发有助于提高资源的利用效率，而且技术扩散的正外部性有助于拓展资源用途，延长产业加工链条，增加产业竞争力，实现资源型区域主导产业延伸。

资源富集区由于资源依赖的存在，导致区域内部技术创新不足，使资源富集区技术创新的正外部性受限。即使资源型企业在技术创新和人员研发上投入资金，也仅仅是为资源的开采与加工服务，得到的创新技术高度专用化。这会导致技术创新对本区域其他产业的发展所起的助力作用微乎其微，在对其他产业的引导方面也可以忽略。更严重的是，技术创新会进一步加强产业的主体地位，挤占其他产业发展的空间，在技术方面锁定，只为资源加工产业服务。

虽然从内部解决技术创新的问题很困难，但中国存在两个后发优势，可以从外部较好地解决这一难题。一是在国际层面，由于经济全球化的迅猛发展，各国间的联系日益加强，发达国家的资源富集区经济转型要远远早于中国，通过对国外事例的研究，学习国外的转型经验和先进技术能更好地实现中国资源富集区的经济转型。二是在国内层面，资源富集区注重资源的加工产业，而一般的地区则会在制造业和第三产业的发展上更为深入，产业的发展也会更加成熟。因此，资源型区域完全可以从外部获得促使其经济转型的高新技术，突破内在的技术封锁。

6.3.2 政府支持

从工业化发展进程来看，在工业化的起始阶段，资源是经济发展的基本动力，所采用的是以资源投入为主的粗放型经济增长模式，以资源的投入数量、资源产业的规模大小反映当时经济发展的总体水平。然而，随着社会工业化程度的不断加深，资本、技术、管理和人力资源等要素替代自然资源成为新的经济增长动力。经济发展的这种渐进特征，决定了资源型经济是资源丰裕国家或地区经济发展进程中必然出现的一个阶段性状态或发展形势。因此，当资源型地区发展到一定阶段，需要政府在政策和制度安排上提供帮助，调控资源型地区的经济发展，并寻找新的源泉和动力以促进经济发展，改变经济发展结构，保障地区经济持续、健康发展。

在资源型地区的转型过程中，政府的作用是不可估量的，政府可以通过培育和支持要素市场以及改变产品市场等来辅助经济转型。在制度转型过程中，限制过高的信息成本和交易成本，政府在其中能发挥很强的作用。因为目标清晰、连贯和有限的集体行动可以提供一些使新规则得以定型的固定基点。而且，在资源富集区体制转换的极端情况下，政府具有规模经济的优势。

在资源富集区经济转型中政府的资金支持也是必不可少的，要将政府对资源富集区资金援助的作用最大化，需要中国的财政转移支付制度更加完善。在财政转移支付模式的选择上，要以能促进资源富集区经济转型为标准，正确的方式是要选择纵向和横向相结合的财政转移支付模式。这样，不仅可以解决资源型区域资金不足的问题，还可以协调区域之间的发展。

资源型区域形成的突发性，导致其面临着布局分散、基础建设缺少全面统筹安排、产业结构严重失调、失业剧增等问题。要较好地解决这些问题，资源型地区必须进行经济转型，对现有的经济结构进行调整，实现资源型地区的转型。政府有责任为资源富集区的发展保驾护航，政府能通过财政税收政策的制定影响个人和企业的经济决策，改变对资源的利用状况，以达到资源型地区经济转型的目的。在这个过程中，财税政策通过切实可行的措施来影响资源型地区中各个主体的经济活动，以达到改变产业结构的目的，因此，健全有效的财税政策对地区的可持续发展有着重大的现实意义。

6.3.3 市场需求大

资源富集区是以本地区矿产、森林等自然资源的初级加工为主要产业，是一个国家基础能源和重要原材料的供应地。随着经济全球化程度的日益加深，经济的快速发展对能源的需求也逐渐加大。以石油资源为例，石油又被称作“经济血脉”，是现代工业社会最重要的原料，日常经济生产、生活、航天军工都需要石油作为能源和原料。无论社会处于哪种发展阶段都离不开石油资源，对石油资源的大量需求这一事实不会改变，保障了石油资源型区域的地位，是其转型的优势所在。谈到煤炭资源，中国的煤炭贮备量位居世界前列，一直以来煤炭都是中国最主要的能源，在今后相当长的一段时期内，煤炭的主体地位仍然是其他资源无法动摇的，煤炭的战略地位举足轻重，决定了市场对煤炭资源的需求是持久的、低弹性的。

自然资源尤其是可耗竭资源是十分稀缺的，即使经历漫长的时间也很难得到补充，因而拥有这些稀缺自然资源的资源型城市的优势地位会更加突出。虽然大部分资源型区域面临资源枯竭的问题，但是其资源的储量仍然优于一般区域。在往后的很长一段时间内，资源富集区因其丰裕的资源会继续保持一个相对重要的地位，战略地位不会受到大的影响，市场需求也保持在一个相对平稳的状态，这些都构成了资源型区域经济转型的机遇。

6.4 外部威胁

6.4.1 竞争力不足

资源型地区的产业结构，大都呈现出单一化、重型化的特性。资源型地区的产业结构往往是以能源、原材料的开采和加工制造为主，产业结构较为单一，而且是以能源重化工业为主的超重型产业结构，其产业发展速度远高于其他产业。与资源型产业的发展不同，资源富集区制造业和高新技术产业还处于较低级的阶段，创新能力远达不到标准，新兴的替代产业还没有发展壮大，在与其他地区相应产业的竞争中处于下风，不足以支持经济的发展。

资源型产业形成的产业链条太短，产业间的联系松散，关联度低。如在资源富集区经济发展过程中，以资源为主体的加工制造业多表现为“嵌入式”，与本区域的其他产业联系较少，无论在纵向或是在横向上都缺少互动性，这种产业之间的低关联度使得资源型地区一些城市的集聚扩散作用得不到应有的发挥，主导产业带动相关产业发展的能力较弱。

6.4.2 区位劣势

资源富集区的地理区位是无法改变的，依据其区位所衍生出的各种工作和经济活动会成为区域竞争力的重要组成部分，而这种地理方位上的限定，可能会加快或阻碍区域竞争力的发展。

煤炭、石油、有色金属等自然资源的形成需要特殊的地质条件，这也决定了资源富集区一般所处的地理位置偏远，其中，以山地地形较多，还有分布在内陆深处或边远的荒漠地区。以往的经济发展秉持“先生产，后生活”的思想，一切以经济快速增长为主，大量开采自然资源，发展以资源为主的初级工业生产，没有用科学的方法规划区域建设。同时，资源富集区特殊的地理区位致使区域基础设施建设成本高于一般区域，昂贵的成本拖累了资源型区域基础设施建设，落后的基础设施又减缓了经济发展，进一步恶化了资源型区域的经济转型。

落后的公共基础设施建设，包括交通运输网线的不完善，信息网络平台的不完全覆盖，一方面，提高了地区间的运输成本和交易费用，难以实现生产要素的完全流动，不利于提高资源配置效率；另一方面，不利于对外交流，信息难以及时传递，知识技术传播困难，不利于提高要素使用效率。资源型区域存在交通不便、信息流通不畅、投资环境差等问题，这种区位上的劣势致使在对资金和人才的抢夺中处于下风。

7

资源富集区经济转型目标的选择

根据生命周期理论，产业的发展分为开发期、繁荣期和衰退期，资源富集区的经济发展与当地的优势资源产业密切相关，因此，资源富集区的经济发展也可相应地分为不同的发展阶段——开发期、繁荣期和衰退期。关于资源富集区的转型时机问题，有很多学者对此进行了研究，认为从资源富集区所处的经济发展阶段、主导产业基础、相关外部环境、产业利润状况等方面考虑，资源富集区的最佳转型时机是在经济繁荣期。

但资源富集区在开发期是否可以提前考虑经济转型，或者可以为以后的经济转型做哪些方面的准备，在衰退期是否还有转型的机会，以及在开发期、繁荣期和衰退期这三个阶段的转型路径是否完全相同，不同的发展阶段应该如何选择转型路径等，这些问题目前还没有深入的研究。研究资源富集区在开发期、繁荣期和衰退期的转型问题，有助于资源富集区对资源进行合理规划利用，促使资源富集区的经济结构更加合理，实现资源富集区经济的可持续发展；有助于解决资源富集区经济发展中出现的诸如经济发展与环境污染等矛盾，为资源富集区经济的进一步发展突破“瓶颈”，寻求新的经济发展之路。

7.1 目标选取的原则

7.1.1 优先利用优势资源，加强资源的整合

从经济成本的角度考虑，结合资源要素禀赋理论，优势资源在当地的经

济发展中的获取成本相对较低，因此，在经济转型时应该先考虑密集使用该区域相对充裕而便宜的优势资源。同时，整合其他资源，如人力、资金等资源，综合多种因素决定资源富集区经济的转型路径。

优先利用优势资源，同时加强资源的整合，一方面，可以充分利用优势资源充裕的数量和获取的便利，降低区域经济增长的成本；另一方面，能利用其他资源产生对优势资源的更高效利用，如利用技术、人力资源对优势资源进行深加工，利用技术资源、资金资源对优势资源进行创新发展等。

7.1.2 根据优势资源类型，合理规划转型路径

中国的资源富集区数量多、涵盖地域广，资源富集区的资源类型和经济发展复杂，因此，应根据具体资源富集区的资源类型和发展时期因地制宜地选择合适的转型路径与转型模式。如，林业型资源富集区，由于森林的可再生性和观赏、防护等多功能性，可以利用丰富的森林资源的带动作用，发展旅游业和生态经济。石油型和煤炭型资源富集区，由于煤炭的不可再生性和技术专业性，可以延伸拓展发展相关化工产业；水资源富集区，可利用社会“亲水”需求，发展房地产业和现代商贸业。

7.1.3 转变生产方式，进行产业创新

转变传统的粗放型生产方式，走集约型生产方式之路。有的资源富集区很快走向衰落，其根本原因就是倚仗优势资源数量的（相对）充裕、政策上的支持、强大的市场需求，采用传统的粗放型生产方式，粗暴开采，简单加工，造成优势资源利用效率低，浪费严重，同时，对区域生态环境和生活环境造成不良影响。如黑龙江省是传统的资源富集区域，伊春市、大兴安岭曾经有丰富的森林资源，鹤岗市、双鸭山市、七台河市曾经是国家重要的煤炭基地。这几个城市在资源的开发过程中主要采取粗放型生产方式，造成目前资源存量急剧下降而当地的经济发展并没有取得理想的效果。因为森林资源和煤炭资源的再生需要数十年甚至数个世纪才能完成，所以要珍惜资源，节约开采。

集约型生产方式是在资源要素集结、协调、优化和整合的基础上，通过技术进步和改善管理方法，充分发挥人力资源的积极效应，引导当地资源的

规模化、集约化开发，提高优势资源的节约和综合利用水平，提高各种生产要素的效益和效率，提高输出产品的质量，以实现经济的增长方式由粗放型的外延扩张向以提高效率和效益为要求的内涵增长转变。

7.1.4 优化区域产业结构，促进多产业协同发展

传统的资源富集区经济发展模式多为一业独大的局面，优势资源产业严重压制了其他产业的发展，不利于区域经济的可持续发展。坚持把经济结构转型升级作为加快资源富集区可持续发展的主攻方向，充分发挥市场机制的作用，改造提升传统资源型产业、发展绿色矿业，培育壮大接续替代产业，加快发展现代服务业，鼓励发展战略型新兴产业，推进资源富集区由单一的资源型经济向多元经济转变。

7.1.5 保证生态环境良性发展

牢固树立生态文明理念，加强资源开发规划和管理，严格准入条件，强化生态保护和环境整治，推进绿色发展、循环发展、低碳发展，实现资源开发与城市发展的良性互动。以解决人民群众最关心、最直接、最现实的问题为突破口，千方百计扩大就业，大力改善人居环境，加快健全基本公共服务体系，使资源富集区广大人民群众共享改革发展成果。

7.2 资源富集区开发期经济转型目标

一个特定的资源富集区成为关注的重点，往往起始于政府开始重点对其优势资源进行规划利用。根据产业绝对优势理论，在开发期，资源富集区对当地资源的开发方式多为单一开发，即主要开发当地易获取的优势资源作为当地经济发展的主要支撑。优势资源一旦被开发利用，其相关产业很快就会在区域经济发展中凸显出来。在开发期，资源富集区呈现以下几个特点。

1. 经济加快发展，城镇化速度显著提升

开发期的资源富集区最显著的特点，就是经济发展的速度加快。依靠富

集资源的优势，凭借优势资源产业的带动效应，在短时间内就可以实现城市迅速发展，城市规模迅速扩大，经济总量的增长呈几何级态势。比如，陕西省的神木县，随着神府煤田在20世纪80年代中期的开发利用，神木县开始了经济的快速增长。1985年，神木县的GDP为7 064万元，2016年达到904.8亿元，30年增长了近1 280倍。再如，内蒙古自治区的鄂尔多斯市，作为典型的资源开发期城市，凭借“羊煤土气”四种优势资源，2000年以来，从经济不发达的城市一跃发展为全国百强城市。

2. 资源储备丰富，开发前景大

中国资源富集区数量众多，从资源类型角度划分，主要可以分为煤炭资源、森林资源、石油资源、有色矿产资源、黑色矿产资源、土地资源等几类。这些资源中除了森林资源，其他都是不可再生资源，一旦消耗殆尽将无法再生。即便是属于可再生资源的森林资源，恢复所需的时间相对也较长，最短几十年，长则需要上百年，而其他的资源消耗殆尽后无法再生。因此，资源的储量都是随着开采而逐渐下降的。相对来说，处于开发期的资源富集区由于开采时间较短，资源储量还很充足，资源产业在生命周期曲线中还处于上升阶段。

处于开发期的资源富集区不仅拥有丰富的优势资源以及广阔的开采前景，而且往往是多种资源相伴相生。在开发期，优势资源除了具备天然的数量、质量优势外，同时享有税收、资金、人力等政策、社会方面的优势，这些资源为资源富集区的持续发展提供了坚实的基础。

3. 人口开始聚集，生态环境受到一定破坏

随着资源开发力度的加大，不断有新的企业投入资源的开发及其相关活动中，如冶炼、装备制造、矿山服务等。这些产业的发展将使资源富集区吸收大量就业人口，资源富集区的人口出现聚集现象。同时，由于很多优势资源是天然形成的，如煤矿、石油等，这些资源在地理位置分布上比较分散，这就使得人口的集聚呈离散的点状分布。局部区域人口的激增造成这些区域生活废弃物排放量的急剧上升，同时，人口的离散点状分布状态不利于生活设施的集中规划，由此对环境产生不良影响。另外，随着资源开发力度的加大，采矿场形成的废石，选厂的尾砂、废水，以及冶炼厂废弃物的排放也直接给生态环境带来一定压力。

4. 政府财政收入快速增长

开发期，在资源富集区的经济快速发展时，政府财政收入同时呈攀升趋势。在社会经济活动中，财政收入直接影响政府财力大小。财政收入除了会影响社会经济发展和人民生活水平外，也为政府的财政提供了保障。

开发期资源富集区的这些特点是相互关联的，丰富的资源储备是最基本的物质保证；资源开发不仅促进了经济发展，也使得工业化进程速度不断提升；资源开发带动产业升级，使城镇化的步伐不断加快；财政收入随之增长，政府经济实力进一步增强，从而为下一步经济增长和产业升级打下坚实基础。这些优势互相联系、相互促进，为资源富集区的发展创造了条件。

在开发期，资源富集区的资源开发处于上升阶段，资源保障潜力大，经济社会发展后劲足，是中国能源资源的供给和后备基地。资源富集区依靠优势资源发展经济，形成资源型经济，资源型经济的短期经济效益大，而长期附加值偏低。因此，在开发期，既要发挥资源型经济的经济效益，又要挖掘其长期附加值。应规范资源开发秩序，形成一批重要矿产资源战略接续基地。提高资源开发企业的准入门槛，合理确定资源开发强度，严格环境影响评价，将企业生态环境恢复治理成本内部化。提高资源深加工水平，加快完善上下游产业配套，积极谋划布局战略性新兴产业，加快推进新型工业化。着眼长远、科学规划、合理处理资源开发与城市发展之间的关系，使新型工业化与新型城镇化同步协调发展。

7.3 繁荣期资源富集区经济转型目标

在繁荣期，资源富集区的发展多呈现出以下几个特点。

1. 产业结构不合理

优势资源产业发展迅速，其他产业发展缓慢。资源富集区的发展因资源开采而兴起，其产业结构严重依赖于资源开采。在繁荣期，以资源开采为主的第二产业相对发展年限比较长，传统经验成熟，在经济结构中占有较大比重，“一业独大”局面突出，而第三产业的发展则相对不足。

产业内部结构不合理，尤其是第三产业内部结构问题在资源富集区发展中逐渐显现，表现为餐饮业等传统商业和服务业发展迅速，但金融、物流、旅游、生产咨询等现代服务业发展缓慢。而第二产业增加值一般占到区域经济增加值的2/3以上，高度集中的产业结构导致高度单一的就业结构，第二产业承载50%以上的城市就业人口，结构严重失衡。

2. 资源利用方式粗放，浪费严重

成熟期的资源富集区资金充裕，不重视投资的利用率，常采用粗放型经济增长方式，导致资源产品精深加工的程度不够，产品附加值低。产业技术水平较低，对新技术的引进力度不大，资源利用率不高，加剧了资源的使用量，资源开采成本高，而市场上优势资源供给充沛，缺乏价格优势，经济效益低。

资源浪费严重。资源是资源富集区发展的基础，而大部分资源富集区的资源不可再生，或短期内难以再生。粗放的经济增长方式和单一的经济结构必然会造成资源的大量浪费，加速资源的枯竭，当前中国资源型城市有141个处于成熟期，其资源存量都不断减少。

在成熟期，资源富集区的资源开发处于稳定阶段。资源保障能力强，经济社会发展水平较高，是保障能源资源安全的核心区。应高效开发利用资源，提高资源型产业技术水平，延伸产业链条，加快培育一批资源深加工"龙头"企业和产业集群。积极推进产业结构调整升级，尽快形成若干支柱型接续替代产业。高度重视生态环境问题，将企业生态环境恢复治理成本内部化，切实做好矿山地质环境治理和矿区土地复垦。大力保障和改善民生，加快发展社会事业，提升基本公共服务水平，完善城市功能，提高城镇化质量。

7.4 衰退期资源富集区经济转型目标

在衰退期，以资源开采和初加工为主的资源富集区多呈现以下几个特点。

1. 经济结构单一，经济增长后劲严重不足

资源富集区在经济上严重依赖资源开采、加工，资源产业一业独大，产

业链条短，可持续发展能力弱，多数资源富集区的资源开采及其加工业在工业总产值中的比重在30%以上。历史上，多数资源依赖型企业规模庞大，职工人数众多，衰退期担负着沉重的历史负担，且产品多以初级产品生产为主，经济效益不高。地方经济发展直接受资源产品价格波动影响，难以有长期稳定的经济增长。资源储量严重下降，后备资源不足，资源自给率下降，经济增长后劲严重不足。

2. 人才问题突出

在衰退期，伴随着一些资源依赖型企业的破产，区域就业率下降，数以万计的职工面临下岗失业。这些失业人员普遍技能单一，而衰退期的资源富集区吸纳就业能力很弱，就业和再就业面临着极大困难，多数居民生活贫困。

人才相对匮乏，教育基础薄弱。大多数资源富集区经济发展相对落后，大批本地人才外流，外地人才不愿前来工作。同时，由于资源富集区人才结构单一，发展接续替代产业面临很大的技术和人力资源限制。此外，资源富集区自身的教育经费紧张，师资力量不足，教育基础薄弱，加上不少居民生活困难，无力负担高额的教育费用，辍学现象严重。

3. 生态环境破坏严重

在衰退期，资源富集区优势资源的开发量急剧下降，且粗放式的资源利用方式已经对当地的自然环境造成了不良影响，产生大量的废液、废气、废渣等环境污染，地表植被等自然生态景观遭到破坏，更为严重的是生态平衡和生态繁衍的破坏，经济生态系统变得脆弱不堪，对人类生存造成极大威胁，严重影响当地经济的可持续发展。

衰退型城市资源趋于枯竭，经济发展滞后，民生问题突出，生态环境压力大，是加快转变经济发展方式的重点、难点区域。应着力破除城市内部二元结构，化解历史遗留问题，千方百计地促进失业矿工再就业，积极推进棚户区改造，加快废弃矿坑、沉陷区等地质灾害隐患的综合治理。加大政策支持力度，大力扶持接续替代产业发展，逐步增强可持续发展能力。

8

资源富集区经济转型路径选择的系统动力学研究

8.1 系统动力学分析的目的与边界的确定

系统动力学是系统科学理论与计算机仿真技术的紧密结合、研究系统反馈结构与行为的一门科学，是系统科学与管理科学的一个重要交叉学科，适用于研究复杂系统的结构、功能与行为之间动态的辩证对立统一关系。系统动力学中的仿真模型是为了解决某一特定的具体问题而构建的，建模的目的在于研究系统的内部结构，发现系统中存在的问题，并为解决系统中的问题提供解决方案或相应的对策。本书拟利用系统动力学中的因果反馈关系来深入了解和反映资源富集区转型系统的资源、经济、生态环境、社会等在区域经济转型系统中的反馈机制和结构，进而探索资源富集区经济发展中的核心要素，以期探究资源、经济、环境、社会人口等各子系统间是如何关联及变化的，为资源富集区经济转型路径选择提供理论方法。

在对区域经济转型进行系统动力学分析之前，必须对区域经济转型系统的边界进行界定，即确定区域经济转型系统中所包含的因素和子系统。通过对系统边界的界定，将属于区域经济转型系统的因素和子系统归纳到预期的内部因素中，而与其内部没有影响关系的因素则不能归纳到因素之中。一个区域的经济系统包含六个子系统，分别是，资源子系统、生产子系统、经济子系统、生态环境子系统、科技子系统以及社会子系统。

8.2 资源富集区经济转型系统的系统动力学分析

8.2.1 资源富集区经济转型路径选择的各子系统分析

1. 资源子系统分析

资源是经济系统运行的基础，同时，也是经济可持续增长的源动力。因此，在资源富集区，资源的开发为区域经济增长提供了动力，促进区域经济增长。影响资源开发的因素比较复杂，有可用资源量、资源价格、资源开发成本、资源开发率四个因素。区域经济的增长对资源使用量提出更高的要求，从而产生资源需求。在市场经济条件下，有需求就有供给，资源的供给量受到资源开发量、资源有效供给率、资源回收量三个因素的影响。资源的供给和需求之间的供需差决定了资源价格，供需差越小，资源价格越高。高的资源价格刺激力度更大的资源开发，进一步促进区域经济发展。

因此，区域经济转型系统的资源子系统共包括 14 个因素，资源开发、区域经济增长、资源使用量、资源需求量、资源供给量、资源供给量和资源需求量之间的资源供需差、资源价格、资源开发成本、资源开发率、资源有效供给率、可用资源量、回收资源量、在存资源量、资源可用率等。这 14 个因素之间的因果反馈关系情况，如图 8－1 所示。

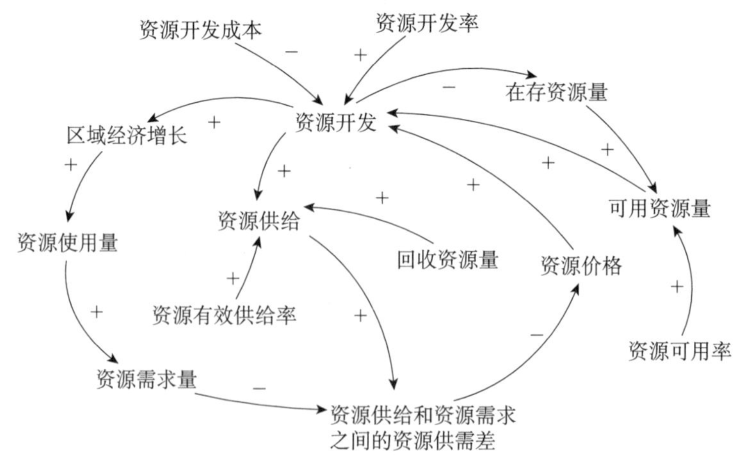

图 8－1　资源子系统因果反馈回路

在图 8 - 1 的资源子系统中，共存在 2 个主要因果反馈回路，分别是：(1) 资源开发→区域经济增长→资源使用量→资源需求→资源供给和需求之间的资源供需差→资源价格→资源开发，是资源子系统中的资源需求回路，是正反馈回路，对资源开发起到刺激作用；(2) 资源开发→资源供给→资源供给和需求之间的资源供需差→资源价格→资源开发，是资源子系统中的资源供给回路，是负反馈回路，对资源开发具有抑制作用，避免过度开发，造成产能过剩。

2. 生产子系统

在生产子系统中，输入资源、输出产品，因此，区域经济转型系统中的生产子系统是连接资源和产品的纽带，是区域经济发展中非常关键的一环。生产的目的是追求生产总值的增加。增加的生产总值有利于收益的提高，收益越大，对投资动机的激励作用越大。而生产总值的增加需要投资，投资与投资转化率共同作用形成各类资产，如固定资产、无形资产等。资源与资产在生产子系统运行过程中结合，实现生产总值的增加。资源在转变为产品的同时，也产生了废水、废气、废渣、废液等环境污染物，《中华人民共和国环境保护法》对防污治污提出了很高的要求，而污染物的检查、监测、防治等都增加了生产系统中的成本费用。同时，排污量的增加导致环境容量的减小和更加严格的环境规制，而严格的环境规制会抑制投资尤其是社会投资。

因此，区域经济转型系统的资源子系统中共包括 16 个因素，总成本费用、生产总值、收益、投资、资产、投资转化率、产品产量、资产利用率、产品价格、排污量、生态环境成本、人工成本、环境容量、环境规制、资源价格、资源价格等。这 16 个因素之间的因果反馈关系，如图 8 - 2 所示。

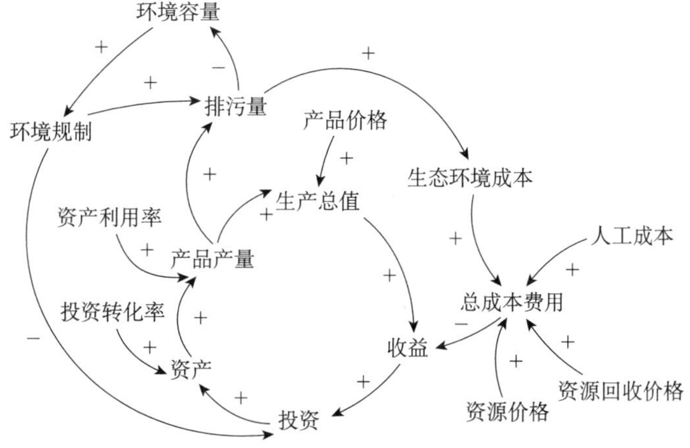

图 8 - 2　系统的生产子系统因果反馈回路

在图 8 - 2 的生产子系统中，共存在 3 个因果反馈回路，分别是：(1) 生产总值→收益→投资→资产→产品产量→生产总值。这是一个正反馈回路，增加生产投资能提高生产总值。(2) 投资→资产→产品产量→排污量→生态环境成本→总成本费用→收益→投资。这个生产子系统中的投资回路是负反馈回路，通过成本的变化稳定投资，既避免投资过热、造成产能过剩，又能激励投资，避免投资市场冷淡。(3) 投资→资产→产品产量→排污量→环境规制→投资。这个生产子系统中的投资回路也是负反馈回路，通过环境规制的宽松或严格稳定投资。

3. 经济子系统

经济子系统是资源型区域经济转型系统中一个非常重要的组成部分。对于资源型区域而言，产业结构调整是其经济增长的根本途径。三大产业的发展所需要的资产类型不同，对第一产业而言，现代农业需要大量的农业机械及农业加工机械，第二产业所需的机械类型、数量更多，第三产业则需要大量的人力资源等无形资源。三大产业创造的产值以及对经济发展的作用也有区别，对环境的影响也不同。相对而言，第一产业对环境的污染主要是农药、化肥，污染源比较单纯，第三产业对环境的污染比较小，而第二产业对环境的污染比较大，污染源复杂。

由于第二产业所需的投资量和对环境的影响以及对经济发展的影响相较于第一产业和第三产业更大，且资源富集区多以第二产业为主要经济支柱，本章以第二产业占三大产业的比例代表产业结构。三大产业的生产总值直接影响财政收入的高低，进一步影响财政存量。财政存量越大，越有利于区域经济发展。区域经济发展使得投资环境渐趋完善，从而吸引更多资金，为三大产业带来更多投资。同时，三大产业的发展也需要更多的劳动力和资源，与投资共同形成三大产业发展需要的资产，由此循环推动区域经济的发展。

从区域经济的发展来看，区域经济转型系统中的经济子系统是区域经济的一个主要组成部分，具体到其构成要素来看，其内部主要包括 11 个构成元素，分别为城市国民生产总值的增量情况、城市财政收入情况、某一段时间内（一般是 1 年）城市财政存量大小、城市经济的增长情况、城市经济投资环境的优劣、城市经济系统外部投资者的引入、城市经济的总体竞争力情况、城市经济系统的科技引入情况、城市经济劳动力流动的具体情况。城市经济转型系统中的经济子系统反馈机制中，一共包括两条反馈回路。

在图 8 -3 的经济子系统中，共存在三个因果反馈回路，分别是：(1) 区域经济增长→投资环境→吸引资金→投资→第一产业资产→第一产业产值→生产总值→财政收入→财政存量→区域经济增长。(2) 区域经济增长→投资环境→吸引资金→投资→第二产业资产→第二产业产值→生产总值→财政收入→财政存量→区域经济增长。(3) 区域经济增长→投资环境→吸引资金→投资→第三产业资产→第三产业产值→生产总值→财政收入→财政存量→区域经济增长。上述三个因果反馈回路都是正反馈回路，分别反映了三大产业与区域经济增长之间相互增强的内在关系。

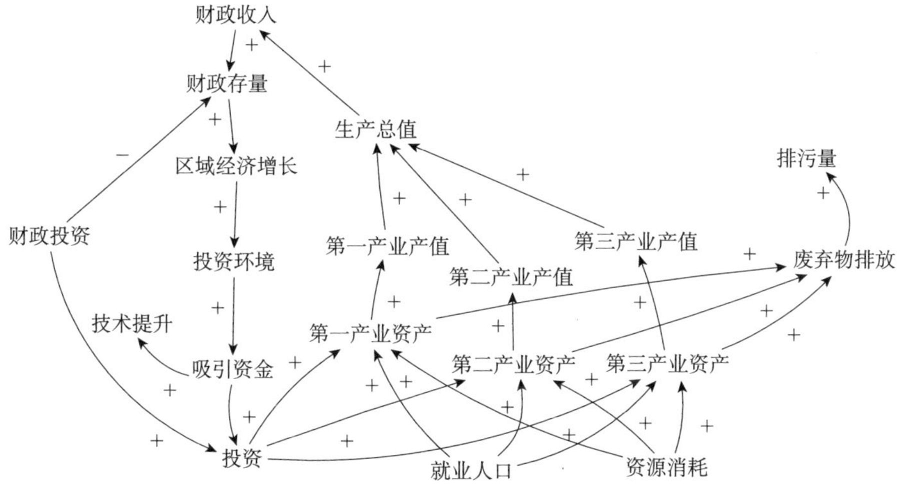

图 8 -3 经济子系统因果反馈回路

4. 生态环境子系统

资源富集区经济转型系统中的生态环境子系统是区域经济发展的关键基础，是促使衰退期资源富集区经济转型系统的一个最关键的支撑体系。生态环境主要为人类生活和经济发展提供生存空间和生态效能，具有长期性和重复使用的特征，生态环境的形成、被破坏的后果出现以及破坏后的修复都需要一定的时间。中国资源富集区对于资源的利用长期采用粗放方式，环境规制宽松，环境保护付出较低，经济整体效果显著，但废水、废气、废渣、废液等排放量激增。同时，相应的废水、废气、废渣、废液的处理与再利用活动不被重视，造成环境中的排污量急剧增加，使得环境容量严重下降。随着经济发展阶段的不断后移，粗放式资源利用方式对区域生态环境的破坏呈现出灾难性的后果，如地质塌陷、地下水量急剧减少等，出现环境退化，严重影响人类生活以及生产活动，产生环境经济损失。在环境经济损失发生后，人们意识到生态环境的重要性，被迫对区域经济系统进行环境保护和环境修复活动，从而产生生态环境成本。根据产生生态环境成本的不同目的，可将生态环境成本分为环境保护成本和环境退化成本。环境保护成本是指，为保护生态环境不被破坏而采取相应的措施所付出的成本。环境退化成本是指，环境污染后给区域经济带来的损失价值和为恢复生态环境所付出的代价。生态环境成本使区域经济发展的负面效果增加，区域经济发展整体效果急剧降低，区域经济增长速度变缓，人们将增加生态环境改善的投入，使生态环境逐步好转，环境容量上升。

区域经济系统的运营是建立在生产子系统基础上的，生产子系统在运营和发展的过程中必不可少地需要损耗一定资源，而这些资源主要来自区域经济转型系统中的生态环境子系统。同时，区域经济转型系统中的生态环境子系统也是生产子系统中废水、废气、废渣、废液等排放的场所，在废弃物处理和利用后成为污染物排放到生态环境中，使环境容量减小。可以说，区域经济系统转型的目的就是在追求经济发展的同时改变生态环境的地位和作用，实现生产子系统和生态环境子系统在整个区域经济转型系统中的良性互动和循环，最终达到区域经济良性发展的目的。

区域经济转型系统中的生态环境子系统一共有 11 个变量，具体包括：生态环境容量、环境规制、废弃物排放、污染量、废弃物处理和利用、环保投入、环境退化、环境经济损失、生态环境成本、区域经济增长、生产总值。区域经济转型系统的生态环境子系统中的 11 个因素之间的因果反馈关系，如图 8 -4 所示。

在图 8 -4 的生产子系统中，共存在两个因果反馈回路，分别是：(1) 环境容量→环境退化→环境经济损失→生态环境成本→区域经济增长→环境容量。这个生态环境回路是负反馈回路，说明区域经济转型系统中的生态环境子系统具有自我调节功能。在环境恶化时，会产生高昂的生态环境成本，从而抑制区域经济发展，带来区域经济负增长。(2) 环境容量→环境规制→三废排放→排污量→环境容量，这也是一个负反馈回路，说明区域经济转型系统中的生态环境子系统如果运营不合理，一旦回路中的任何一个因素失去控制，区域经济转型系统就会在这些因素的连环作用下从生态环境子系统中不断攫取资源，则生态环境将会加速退化，根据《增长的极限》中的结论，其速度通常是指数级，最终使区域经济转型系统中的生态环境子系统被破坏。

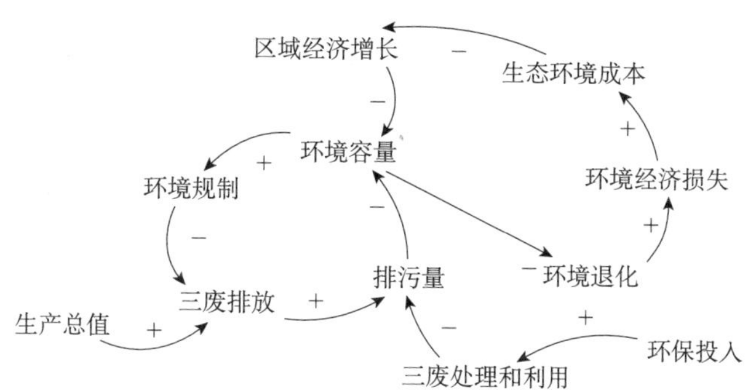

图 8-4 生态环境子系统因果反馈回路

5. 科技子系统

在现代经济发展中，科技毫无争议地被看作是区域经济发展和区域竞争力的第一支撑要素。尤其是在科技与经济发展一体化的现代经济社会背景下，科技在推动区域经济发展和提高区域竞争力中起到了非常重要的作用。

对于一个区域经济系统来说，一方面，其经济系统的运营是建立在生产子系统基础上的，而在现代经济发展中，生产子系统的运营和发展往往要依靠科学技术的进步和发展，而这些必不可少的技术进步和发展往往来自区域经济系统中的科技子系统；另一方面，区域经济转型系统中的科技子系统同样受到区域经济发展的影响，随着区域经济的发展，区域经济转型系统中的科技子系统也不断得到充实和发展。

在现代社会中，科技与经济相互作用，科学技术是经济发展的主导力量，经济则是科学技术的基础，经济的发展为科学技术的进步提供了必要的物质条件。区域经济实力直接决定投入科学技术的人力、物力、财力的数量和质量，从而间接决定科学技术发展的规模和速度。同时，经济水平和经济发展速度决定科学技术转化为生产力的能力、范围和速度，从而影响科学技术社会功能的发挥。

区域经济转型系统中的科技子系统共包含了七个要素，具体是：区域经济增长，区域生产总值，生产子系统的生产率，区域经济转型系统中生产子系统对科技的需求情况，区域经济发展中的科技投入情况，区域经济转型系统中的科技转化情况，区域经济发展的科技水平。区域经济转型系统的科技子系统中的各个要素之间的因果反馈关系，如图 8 –5 所示。

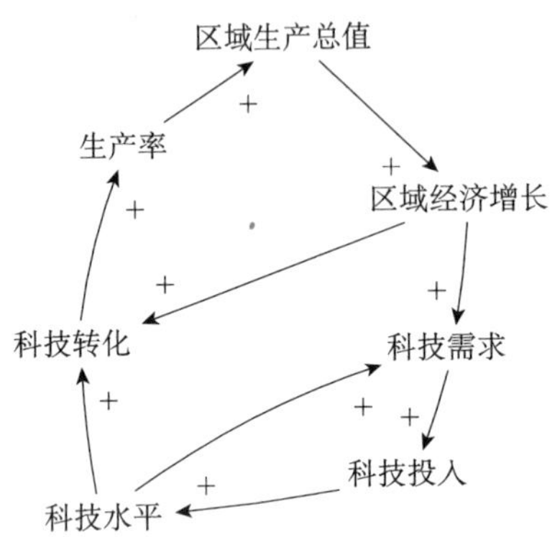

图 8 –5　科技子系统因果反馈回路

在图 8 –5 的科技子系统中，共存在三个因果反馈回路，分别是：（1）主回路：区域生产总值→区域经济增长→科技需求→科技投入→科技水平→科技转化→生产率→区域生产总值→区域经济增长。这是个正反馈回路，说明区域经济增长与科技水平之间的相互增强关系。区域经济发展越快，对科技的需求越大，从而有更多的科技投入来提高科技水平，实现更多的科技转化，科技转化提高生产率，从而促进区域经济发展。（2）科技投入→科技水平→科技需求→科技投入。这也是一个正反馈回路，说明科技水平与科技投入之间的相互增强作用。（3）区域经济增长→科技转化→生产率→区域生产总值→区域经济增长，这个正反馈回路说明，区域经济转型系统中的生产子系统、科技子系统和经济子系统之间的相互促进关系。

6. 社会子系统

区域经济发展和转型的根本目的在于改善居民的生活环境，提高人民的生活水平和幸福指数，实现区域经济的稳定、和谐、进步。区域经济转型对社会的影响是多方面的，涉及区域就业岗位、人口、就业人口、区域生产总值、环境等多个方面。对区域经济转型系统的社会子系统的运行起主导作用的主要是政策支持，适合区域经济条件的政策引导和财政补贴政策会创造更多的就业岗位，促进区域经济增长，提高就业率。就业率的提高使得人口出生率降低，但会吸引更多外地就业人口，对区域人口总数的变化产生复杂的影响。越来越多的人口会增加消费，向区域环境排放更多的废弃物，由此对区域经济发展产生副作用，不利于区域生产总值的提高，从而促使政策进一步调整，以适应社会的和谐发展。而区域经济水平的提高会带来更多教育经费的投入，提高教育水平，较高的教育水平会降低人口自然出生率，抑制人口的增长。

由此，区域经济转型系统中的社会子系统共包含9个要素，具体是：区域经济增长，就业岗位，区域就业率，迁入人口，区域人口总数，废弃物排放量，教育经费，教育产出，人口素质。区域经济转型系统的社会子系统中各要素之间的因果反馈关系，如图8-6所示。

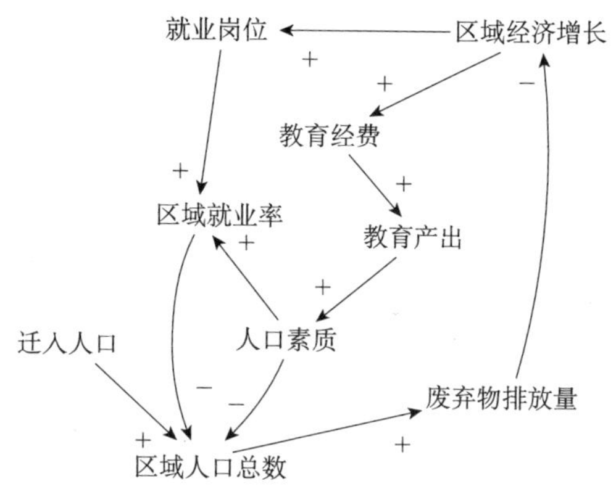

图8-6 社会子系统因果反馈回路

在图8-6的社会子系统中，存在两个主要的因果反馈回路，分别是：(1) 区域经济增长→就业岗位→区域就业率→迁入人口→废弃物排放量→区域经济增长。这是个正反馈回路，说明创造更多的就业岗位与区域经济发展之间存在相互增强关系。(2) 区域经济增长→教育经费→教育产出→人口素质→区域人口总数→废弃物排放量→区域经济增长。这也是个正反馈回路，说明教育产业和教育经费与区域经济增长之间的相互促进关系。

8.2.2 资源富集区经济转型路径选择的综合系统

上文对资源富集区经济转型系统的六大子系统内部组成因素的因果反馈关系进行了详细分析，揭示了六大子系统的形成及其运行机制。据此可以得出，资源枯竭型城市经济转型总体系统的组成及其运行机制。由六大子系统中的各个变量之间相互作用，构成资源枯竭型城市经济转型系统模型的因果反馈关系，如图8-7所示。

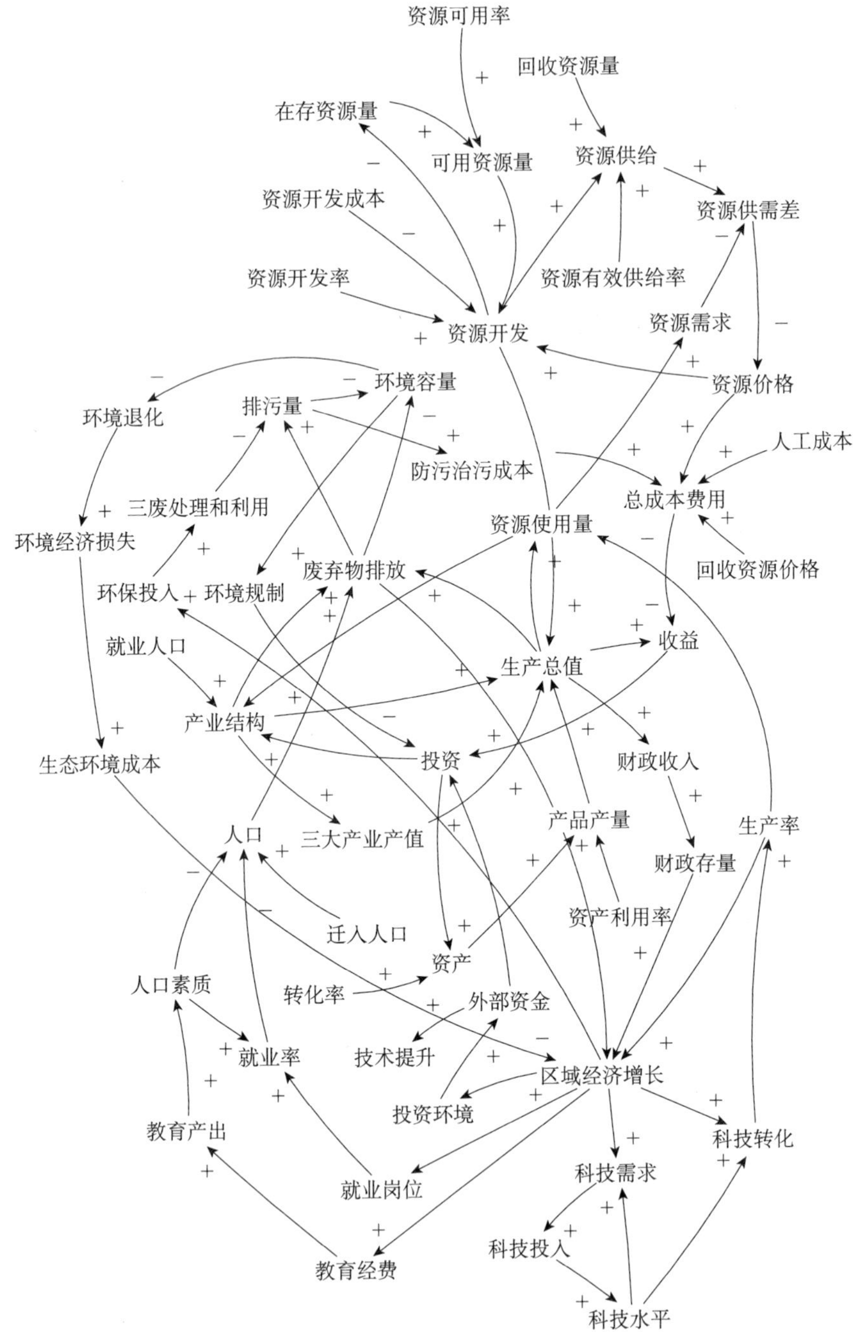

图 8－7　资源枯竭型城市经济转型系统因果反馈关系

对图 8－7 中构成资源枯竭型城市经济转型系统的几个主导因果关系的反馈回路解释如下。

1. 反映区域经济增长、投资、产业结构之间互动关系的反馈回路

区域经济增长→投资环境→外部资金→投资→产业结构→生产总值→财政收入→财政存量→区域经济增长。

该反馈回路极性为正。区域经济增长的动机和实现状况会促使政策调整以利用社会资金，从而改善投资环境。投资环境的改善，加强了对外部资金的吸引力度，按照新的产业政策引进新的项目和投资。政策使得资金对三大产业的投资力度有所不同，对于资源富集区而言，新增项目多为与优势资源相关的项目，新增投资也多投向这些领域，从而提高第二产业比重。这些项目和投资利用优势资源的易获得性，占据了成本低、产量大的优势，带来生产总值的快速上升。生产总值的提高带来更多的财政收入，财政存量增加，为区域经济发展提供更雄厚的财力和物质基础，有利于区域经济的进一步增长。

2. 反映区域经济增长、区域教育状况、区域人口状况与区域环境状况之间互动关系的反馈回路

区域经济增长→教育经费→教育产出→人口素质→人口→废弃物排放→排污量→环境容量→环境规制→投资→资产→产品产量→生产总值→财政收入→财政存量→区域经济增长。

该反馈回路极性为正。随着区域经济的增长，政府对教育的重视程度提升，增加教育经费的投入，以教育水平、受教育人口等指标为代表的教育产出提高，从而提高区域人口文化素质。人口文化素质的提高使得人口自然出生率下降，在人口出生率和人口迁入率不变的情况下，区域人口减少。人口减少后，向环境排放的污染物也减少，从而提高环境容量。在环境容量提升后，环境规制放松，投资环境改善，从而有更多的投资形成更多的资产。资产数量的提升可以生产更多的产品，提供更多的服务，创造更大的生产总值，从而增加政府财政收入和财政存量，为区域经济发展带来正效应，逐渐促进区域经济发展。

3. 反映区域经济增长、科技投入、资源间互动关系的反馈回路

区域经济增长→科技需求→科技投入→科技水平→科技转化→生产率→

资源使用量→资源需求→资源供需差→资源价格→总成本费用→收益→投资→资产→产品产量→生产总值→财政收入→财政存量→区域经济增长。

该反馈回路极性为正。区域经济增长使政府财力提高，从而有能力、有动力为更大的技术需求提供更多的科技投入，进一步提高科技水平。科技水平的提高，能促进生产技术的进步与升级，提高技术转化率和转化水平，有利于生产率的提高。生产率提高后，资源有效利用率提高，从而降低了资源使用量和资源需求，能有效缓解资源供给压力，供给相对于需求更加充足。根据价格供需理论，在资源需求量减少时，资源价格下降。资源价格的下降，一方面，可以促使资源富集区域以更加理性的状态和方式进行资源开发，提高资源开发效率，降低资源开发成本。另一方面，能够降低资源的下游企业的成本费用，提高收益。企业收益的提高能够刺激更多的资金投入，形成数量更大、质量更优的资产，提高产品产量和生产总值，为区域带来更多的财政收入，实现区域经济持续、良性增长。

4. 反映区域环境与区域经济发展间互动关系的反馈回路

区域经济增长→环保投入→三废处理和利用→排污量→防污治污成本→总成本费用→收益→投资→产业结构→废弃物排放→环境容量→环境退化→环境经济损失→生态环境成本→区域经济增长。

该反馈回路极性为正。在发展经济之初，往往以生态环境为代价以换取经济的高增长。随着社会的进步，人们意识到这种经济增长方式已经威胁到人类自身的发展与进步，迫切寻求新的经济增长方式或新的环境保护手段，以协调经济增长与环境资源保护之间的矛盾。随着区域经济的增长，区域财政收入增加从而有能力进行更多环保投入，提高了对废水、废气、废渣等污染物的处理和利用的要求，三废处理率和利用率提高。企业处理废弃物增加了防污治污成本，从而使企业的总成本费用提高，降低企业收益。收益的降低会降低企业的投资欲望，减少投资，从而影响区域产业结构。一般来说，第二产业需要大量的固定资产，所需的投资比较大，第一产业和第三产业投资较少，所以减少的投资多发生在第二产业。第二产业投资的减少会使废弃物排放大幅度减少，生态环境逐渐恢复，环境容量上升，环境退化状况好转，环境经济损失减少，所产生的生态环境成本下降，区域经济逐渐增长。在这个回路中，存在四处负反馈，即企业成本费用的增加降低了企业收益，废弃物排放量的减少提高了环境容量，环境容量的提高表明环境退化趋于好转，生态环境成本的降低有利于区域经济的正向增长。这四处负反馈，不影响整体回路的极性。

区域环境与区域经济发展之间互动的因果关系图，充分体现了经济发展与环境保护之间相互制约、相互促进的依存关系。单纯追求经济数量的粗放式发展方式使生态环境恶化，经济水平和人们生态意识的提高对生态环境提出了更高的要求，迫使实施环境治理措施，增加成本费用。同时，恶化的区域环境不再利于人类生活，从而减少投资，企业成本费用的增加是由于生态要求提高产生的，高昂的成本费用减少了投资甚至使一些投资撤出，放缓的投资活动为生态环境提供了恢复时机，也使区域生态恢复技术和生态保护意识得以提高，生态恶化状况好转，区域经济得以良性发展。

8.3 资源富集区经济转型路径选择对策

资源富集区经济转型可以从科技、教育、人力资本、资金、制度、基础设施和环境生态建设等多个方面进行，但对于不同发展阶段的资源富集区，其经济转型的切入点是不同的，工作的主次也不同。

8.3.1 开发期资源富集区经济转型路径分析

1. 全力发展优势资源产业，拉动经济增长

开发期的资源富集区具有较大的资源开发前景，应加强优势资源的调查、评价与勘查，进一步落实优势资源的具体分布以及可采量情况，提高优势资源的保障程度。在落实过程中，应当积极引进国内外先进技术，以达到降低成本的作用，同时提高资源的采收率和回收率，从整体上实现规模与效益的平衡，不断优化资源产业链。

同时，需要形成一套成熟的资源开发机制，大力推动优势资源企业的规模化和集团化发展，推动优势资源企业与具有先进的资源开发利用技术和雄厚资本的企业合作，进一步整合资源，提升优势资源产品的科技含量和开发规模。同时，重点培育优势资源开发及深加工，形成将探、采、选、冶、加工、制作融为一体的“一条龙”产业化体系，延长原产业链，从而提升区域对优势资源开发与加工的整合能力，实现矿业经济效益的最大化，最终拉动

经济增长。

2. 提高优势资源节约与综合利用水平

在对优势资源尤其是矿产资源开采的过程中，要注重通过提高科技水平实现对资源的充分利用，如矿产资源方面采用深井采矿、矿山无废采矿、溶浸采矿等技术，加大对尾矿的回采力度。同时，结合先进的资源回收和选矿方法，充分利用各种高效节能设备，最大限度地提升选矿回收率，降低资源损耗，减少废弃物排放。

在矿产资源方面，加大对低品位矿产以及共伴生矿产的勘查与开发利用，充分利用矿产资源。对于那些具备工业价值的共伴生矿产资源，应从整体角度进行开发利用，以实现整体效益的最大化，尤其是当共伴生矿中包含具有较大经济效益的有色金属以及贵金属类的矿产资源时，更要提升对其的利用效率。

3. 全面规划，提升人口文化素质，实现经济、环境、人口的全面可持续发展

在开发期，资源富集区经济可持续发展的难点是消化、吸收和解决就业问题，应通过多种途径创造更多的就业岗位。应该利用当前比较务实的做法，鼓励区域外企业进入产业梯度转移的整体调整中，把区域外企业引进来，并鼓励在城市转型中引入民间资本，采取人才培养、技术资本（相应补贴政策）吸引民间资本，扩大就业机会。资源富集区要加快建立统一、开放、规范、有序的劳动力市场。加大职业教育和在职培训投入，促进人力资源工作的进步，从而为相关产业储备充足劳动力。

加大教育产业的投入，提升社会劳动者的整个文化技术素质，是经济增长模式最终改善以及实现可持续发展的重要前提。转变经济发展的本质，就是用依赖人的发展替代依赖自然资源的发展。换句话说，主要依据科技发展和提高工人的技术素质来实现。也只有通过教育的不断进步，才能提升劳动者的文化技术素质。因此，资源富集区在发展相关产业时，需要注意提高人口素质，即在提升经济发展效益的同时，加大对科技和教育产业的投资，为后续可持续发展提供储备力量。政府应当在财政投入上加大对科技、教育投入的力度。同时，对高技术产业提供各种优惠政策，提供科技贷款，支持企业增加对产品和技术改进的投入，拓宽募集资金的渠道，保证科技和教育经费持续增加，从而保持人才优势。

教育和科技对于资源富集区发展接续产业和未来总体发展具有极大的推动作用。要采取有效措施，培养与聚集高素质的科技、管理和经营人才，努力提高成长型资源城市的科技含量。通过科技创新提高劳动生产率和资源利用率以及深加工产品的科技含量，增加单位产品附加值。运用先进科技进一步提高成长型资源城市的信息化水平，以推动产业结构的调整和优化。为此，一方面，增强自身的研发能力和创新能力；另一方面，需要扩大生产规模，学习发达国家的新技术设备和工艺，改变资源开发中传统的粗放经营模式；下大力气搞好科技人才、企业经营管理者、劳动者和后备队伍的建设，解决好教育和培训、自我学习和提高、人才引进、使用与合理流动问题。

只有人口文化素质、技术素质得到提升，成长型资源城市的资源利用效率才有可能得到进一步提升，对低品位矿山的开发能力也将得到加强，资源产业将得到更为平稳的发展。另外，人口整体文化技术素质达到一定层次后，人才向着多样化发展，产业分工将进一步完善，第三产业内容不断得到丰富，从业人员也不断得到补充，产业结构的优化得以实现。随着人口文化技术素质的提升，人们的环保意识也提升，一方面，开始注重节约利用资源；另一方面，对生活以及工业废水、废气或废渣的处理能力将进一步提升，实现以人口为中心的经济—环境—资源这几个系统的可持续发展。

8.3.2 繁荣期资源富集区经济转型路径分析

繁荣期资源富集区的显著特征是“一业独大”，这个时期转型的关键在于重视优势资源相关产业对其他产业的压制，促进多产业发展。

1. 积极培育接续产业和替代产业，实现产业多样化协调发展

一是若要实现经济的可持续发展，在资源富集区产业发展的过程中，延伸优势资源产业链条是其必然选择。繁荣期的资源富集区有了成熟的优势资源产业技术，可在此基础上延长产业链，发展生产性服务业等接续产业，促使资源向现代服务业转移和集中，提高资源的利用效率和工业化层次。

二是鼓励替代产业的高效持续发展，使资源富集区实现协调稳步发展的多产业共同发展。实现资源富集区的稳定长远发展，其动力不能完全来自原有的优势资源产业，更要从资源产业的产业链条延伸中寻求突破，培育与当地资源密切相关的替代产业。新型替代产业是指，不依赖优势资源产业而发

展起来的主导产业，如信息技术、食品加工、制药等高新技术产业。在开发期进行替代产业的发展规划与部署，可以为资源富集区的发展赢得先机与条件，使替代产业充分融入本土资源产业，提升区域发展的抗风险能力，有助于产业结构的转型升级，尤其是当优势资源逐步枯竭之后，能够依靠新型替代产业维持区域发展。

2. 增加科技投入，积极转变经济增长方式

繁荣期的资源富集区有了雄厚的财富积累，应该增加科技投入，将发展的重点从追求数量、粗放扩张的增长方式向追求质量、提高效率的增长方式转型。从主要依靠增加优势资源消耗向主要依靠科技进步、劳动者文化技术素质提高、管理创新等转变，实现从资源驱动、投资驱动向创新驱动转变。依靠科技投入“四两拨千斤”的力量，实现工业生产效率的提高，降低环境污染，实现区域的经济、环境平衡发展。

3. 积极推进生态文明建设，走绿色发展道路

在资源开采过程中引入绿色生态的理念，尽量提高资源的利用效率，科学合理地使用资源，管理流程实现程序制度化，研究低污染的工艺、执行绿色安全环境保护政策，实现资源的合理开发利用，尽量做到节能减排，从而促进资源利用过程中的生态保护，促使资源开发过程中追求利益、环境、社会的和谐发展。突破传统企业管理的局限，大胆改革创新，逐步形成不同地域、不同产业的“绿色”建设标准，持续提升资源的利用水平，提高对资源开发过程的监督和管理，依照绿色环保的标准规划、开采、利用资源。

同时，在对资源进行开采时，注重对其所产生的废水、废弃物以及尾矿的有效回收与循环再利用，通过循环再利用来降低对现有资源的耗损，降低对环境的污染。

8.3.3 衰落期资源富集区经济转型路径分析

对于衰落期的资源富集区而言，生态环境严重恶化，资源优势削弱，“一业独大”的局面出现衰落，资金和人力资源外迁，发展趋缓甚至近乎停滞。转型的关键点在于，调整产业政策，促使产业结构变化，实现优势资源相关产业的改造升级，发展现代服务业。

1. 做精第一产业

第一产业的发展主要是在城乡统筹背景下，重点发展区域特色农业，实现农业服务工业、服务业，富裕农村居民的目标。

构筑新型农业产业体系，全面提升农业综合生产能力和综合效益，以龙头企业和中介组织建设为抓手，重点发展壮大特色农业，使优势特色农业基本实现产业化经营，提高特色农业产值在农业总产值中的比重，不断提高农产品的综合加工和转化能力，增加农副产品的附加值。

促进农业向集约增长型转变。转变农业增长方式，优化农业产业结构，实施农业产业化经营，推动农业向规模化、标准化、园区化发展。利用现代农业园区实现农业经营机制创新，鼓励现代农业园区以转包、租赁、入股联营等方式流转土地，利用现代农业园区推动农业产业化经营，进一步延长“公司+基地+农业产业工人”的产业化链条。

加快推动第一产业与第二产业、第三产业的相融互促。以推动现代城郊农业发展为契机，积极拓展农业的多种功能，大力发展集种植、观光、有机农业等为一体的生态循环农业，建设生态农业、高新种植养殖技术等培训基地，提升非农产业发展水平，将休闲旅游、生态观光、绿色食品品尝等多种元素融合，实现第一产业与第二产业、第三产业相融互促。

2. 优化第二产业

第二产业投资大、对资源的消耗量大，对于衰落期的资源富集区而言，优化第二产业的目标在于通过信息技术和智能制造创造新型工业体系，逐渐摆脱对资源的依赖性，实现第二产业的可持续发展。

延长产业链条，提高产业层次。通过产业链的延伸，开展对初级矿产品的深精加工作业，大幅提升矿产资源在初加工后形成的低附加值产品的科技含量，从而使产品的附加值增大，同时，发挥资源产业链条延伸的带动效应，实现产业结构的多元化发展。衰落期的资源富集区可以通过建设优势资源生产、技术创新、技术服务等资源开发服务基地，实现资源产业的链条延伸。例如，对于煤炭资源型区域而言，产业链条一般是从开采到洗选，可以再延伸至发电产业、高耗能产业以及煤化工产业等；对于油气资源型区域而言，产业链条的延伸主要是从其开采到炼化最后到深度化工产业发展（指塑料成型等），使产品的附加值得到大幅度提升。

但要注意的是，同一市场的资源企业容易发展相似的项目，一旦对市场把握不够，可能会出现产业结构单一，最终造成区域内产能过剩，使衰退期的资源富集区在“资源陷阱”中越陷越深。因此，国家及区域相关部门应予以宏观指导与调控，使区域内相关产业链得到平衡协调发展。

优化产业发展方式，提高资源综合利用水平，实现循环经济，提高经济绩效。衰落期的资源富集区经济陷入资源诅咒，面临资源衰竭的形势，曾经的优势资源反而限制了经济的增长。应逐渐淘汰技术含量低、资源消耗大、环境破坏严重的产业，大力发展技术含量高、经济效益佳的产业，充分利用存量不多的资源，实现产业从初级粗放型阶段向高级技术型阶段的转变。充分利用开采和生产过程中的伴生资源、共生资源，提高资源的循环利用水平，大力发展循环经济，减少物质资源的浪费与流失，以尽可能少的资源消耗和尽可能小的环境代价，取得最大的经济产出，实现污染的低排放甚至零排放，保护环境，实现社会、经济与环境的可持续发展。如，衰退期的煤炭型区域，可以综合利用中煤、煤矸石、粉煤灰、焦粉、炉渣、电石渣、硅微粉、废塑料及轮胎、煤层气、焦炉煤气、中水、生活垃圾、各类尾矿，焦炉、矿热炉、炼铁炉的余热等，开发利用各种尾矿及伴生资源来生产水泥、新型墙体和特种氧化铝（硅铝合金）等建筑材料，推进焦炉煤气制天然气、余热发电、煤层气综合利用和粉煤灰、脱硫石膏综合利用等项目建设。

3. 提升第三产业层次

资源型产业多为上游产业，受制于下游产业的发展和最终消费的层次和数量，是典型的拉动型经济。衰落期的资源富集区应该提高主动性，深度开发优势资源相关产业尤其是现代服务业，实现拉动型经济向推动型经济的扭转。

优先发展生产性服务业。对于衰落期的资源富集区而言，产业链的延伸还表现在第二产业向第三产业的延伸，即向生产性服务业的发展。如，现代物流业有助于提高第二产业原材料和产品的流通效率，应推动制造业与物流业联动发展。商务服务业可以通过管理咨询提高资产管理水平，通过工程监理提高建设质量，通过法律咨询规范企业行为等，从而实现各行业相互融合、相互促进，提高资源富集区服务性企业的集聚度和层级。金融服务业可以完善资源富集区的银行服务体系，建立有效的风险投资机制，加大保险业发展力度，积极完善中小企业融资担保体系，规范、畅通民间融资渠道。科技服务业以第二产业的深化加工技术为重点，建设技术研发中心和服务平台，不断完善产业科技服务的支撑体系。信息服务业通过信息化服务产业发展，大力发展信息技术服务和信息咨询服务，实现三大产业的融合互促，助推区域发展。

此外，还要快速发展生活性服务行业，如旅游业、商贸服务业、房地产业、养老服务业、社区服务业等，积极培育新型服务行业，如节能环保服务业、文化创意产业、汽车服务业、民间协会与社会组织等，以适应衰退期资源富集区的人口特点和人们的生活需求，提高区域人民的生活水平和幸福指数。

9

资源富集区经济转型评价指标体系的构建

9.1 必要性和原则

9.1.1 构建资源富集区转型评价指标体系的必要性

资源富集区的转型是指，由于资源具有不可再生性，所以，不可能无休止地进行开采利用，这种性质决定了资源富集区必须培育发展新型支柱产业来代替原有的以资源开采为核心的主导产业，即转向依靠非耗竭型资源、形成新的具有发展实力和发展潜力的产业经济结构，目的是带动经济体制更新、经济增长方式的转变、经济结构的提升，促进发展战略、发展模式等发生一系列变化，最终实现由量变到质变。资源富集区转型是对城市原有产业结构、就业结构、社会心理、城市环境的改革创新，是一个长期、复杂而系统的工程，涉及经济、政治、文化等诸多领域（邱松，2013）。因此，资源富集区转型的效果，将直接影响后续经济运行的状况。通过相关的指标体系及方法，评价资源富集区转型效果及经济运行状况，为资源富集区的可持续发展提供全面、客观、科学的决策依据具有显著的必要性。

一是资源富集区转型的过程复杂、持久，如何使得决策者在转型过程中秉持既定方针和政策的连贯性，就需要有明确的指引，而这个指引就是全面、科学、客观的资源富集区转型评价体系。有了这个评价体系，资源富集区在进行主导产业选择、转变经济增长方式、搞社会文明建设等过程中就有了决策依据，引导社会建设资源能够按照既定的目标和方向合理配置。

二是资源富集区发展的决策者在执行政策过程中，如何对阶段政策的转型效果、成功与否做出准确判断，就需要评价指标体系建立科学的标准，及时控制转型中可能出现的偏差。同时，评价体系的建立，有利于引导决策者树立正确的发展观，科学看待资源富集区转型过程中追求经济增长和绿色发展的辩证关系，减少片面追求 GDP 增长的冲动，贯彻绿色 GDP 理念和可持续发展理念（尹牧，2012）。

9.1.2 构建资源富集区转型评价指标体系的原则

构建资源富集区转型指标体系，要从客观实际出发，系统、科学、全面地评价转型过程和效果，因此，评价指标体系的构建应该遵循以下原则。

1. 系统性原则

资源富集区转型是一个复杂综合系统，涵盖经济、社会、文化、环境等各子系统，各子系统之间相互联系、相互影响。因此，对资源型城市转型进行评价时，必须综合考虑各系统间的制约关系，构建具有系统性的评价指标体系。即从宏观、系统的角度统筹看待，既要考虑各类评价指标间的横向联系，也要兼顾纵向影响，以确保评价指标体系的协调统一，做出全面合理的评价。

2. 科学性原则

资源富集区转型评价指标体系的构建，首先，要从科学角度界定资源富集区转型的内涵和实质。其次，依据科学原理，通过适宜的指标选择方法、评价方法，结合资源富集区转型的实际情况，因地制宜、因时制宜地构建评价指标体系，确保评价指标规范实用、资源评价结果真实有效，能够科学指导资源富集区转型的实践。

3. 可操作性原则

资源富集区转型评价指标体系构建的根本目的，是指导资源富集区转型实践，因此，指标体系必须具备较强的实用性和可操作性。首先，指标体系可量化，便于对应数据的采集和比较分析。既兼顾理论必要性，也考虑实践可操作性，使得评价指标体系在不同地区能够推广和应用。其次，指标体系各指标的含义明确，结合现有统计数据和资料，便于提高信息采集人员和使用人员的效率，降低成本。最后，指标体系可比较，资源富集区转型情况各不相同，即使在同一地区的不同发展阶段，面临的问题也千差万别。这就要求选取的指标既能够在不同地区之间比较，也可在同一个地区不同发展阶段间比较，提高评价指标体系的实践指导性和适用性。

4. 动态性原则

资源富集区转型是一个动态演进过程，对转型过程的评价与衡量应当运用动态指标来阐释。这样，才能实现对资源型城市经济社会系统可持续发展的长期动态评价。为此，在构建指标体系时，应该尽可能地选择那些既能量化又能描述系统动态运行变化值的指标。

资源富集区转型是一个动态演进的过程，这就要求指标体系在产业转型系统的发展演化过程中进行适当地补充、完善和修订，指标体系应具备一定的可更新性。资源富集区转型客观上存在不同类型和不同发展阶段，评价指标体系也应随之做出必要的调整，使指标体系针对性更强，评价结果可信度更高。

9.2 评价指标体系的构成与含义

9.2.1 资源富集区转型评价指标体系的构成

关于资源富集区转型评价指标体系的研究众多，文献多基于可持续发展的理念，从不同角度设计合理的评价指标。指标的分类主要集中在经济、社会、资源、环境四个大的方面。例如，王娟（2014）将评价指标体系设计为系统层、子系统层、指标层三个纵向层次，经济、资源、环境、社会四个横向子系统的框架结构。尹牧（2012）选择了四个指标作为评价体系中的一级指标，分别是经济发展、社会与人文发展、生态环境和资源资产。王凯俊（2017）分别从经济发展、社会发展、资源资产和生态环境四个子系统入手，构建了完整、层次分明的评价体系。车晓翠（2011）认为，转型绩效评价的指标体系所反映的应当是经济—社会—资源—环境复合系统内四大子系统间的协调状态，对资源型城市经济转型绩效的评价，应从经济、社会、资源、环境等方面构建资源富集区转型的绩效评价指标体系。庞智强（2012）基于对资源枯竭地区转型根本出路的认识，结合中国资源型地区经济转型的特点，建议由目标模式、生产要素、体制机制和市场需求等四大一级指标组成转型评价指标体系的基本框架。齐建珍（2010）认为，资源型城市转型的根本目的是实现可持续发展，因此，应从经济发展、社会进步、生态环境保护、资源利用四个方面进行评价。程嘉怡（2010）设计出资源枯竭型城市社会经济、居民生活水平变化指标，评价政策的有效性。除此之外，也有比较特殊的角度，例如，樊正强等（2014）从系统创新角度，建立科技、政策、制度、管理四项指标评价转型问题。

资源富集区转型的根本目的是摆脱地区发展对资源的高度依赖，优化升级原有的产业结构和就业结构，持续提高地区居民的生活水平与幸福指数，改善伴随资源开采、加工而来的环境污染，提高资源型地区整体竞争力，最终实现资源富集区的可持续发展。结合资源富集区转型的基本特点及实际情况，并参照2007年国务院印发的《国务院关于促进资源型城市可持续发展的若干意见》，以及2013年国务院印发的《全国资源型城市可持续发展规划（2013～2020年）》所提出的发展目标与要求，本书延续采纳“经济、资源、环境、社会”四大类指标构建思路。所构建指标体系除了反映转型效果外，还应当发挥“指挥棒”作用，指导资源富集区朝着“经济活力迸发、社会和谐进步、资源保障有力、人居环境优美”的方向发展，因此，该指标体系在构建时，应当注意以下几点。

首先，体现资源富集区经济发展综合水平，以及体现资源型产品附加值与服务业水平提升的指标应当包括，地区生产总值、服务业增加值占比等；其次，体现地区资源保障力、资源集约化水平提高的指标，如资源产出率等；再次，反映城市人居环境改善的指标，如主要污染物排放总量、森林覆盖率、建成区绿化覆盖率等；最后，反映社会和谐进步的指标，如城乡居民人均可支配收入、城镇等级失业率、棚户改造完成率等。

根据资源富集区转型评价指标体系的构建原则和基本要求，在征求专家意见的基础上，本章选择经济发展、社会和谐、资源保障、人居环境四个指标作为该评价体系的一级指标，并在此基础上设立十个二级指标、28个三级指标，具体见表9－1。

表 9-1　　资源富集区转型评价指标体系

一级指标	二级指标	三级指标
经济发展	发展水平	人均 GDP
		GDP 增长率
	经济结构	采矿业增加值占地区 GDP 比重
		服务业增加值占地区 GDP 比重
		万元 GDP 能耗
	发展动力	地区财政收入
		R&D 经费投入强度
		固定资产投资占 GDP 比重
社会和谐	生活水平	城镇居民人均可支配收入
		农村居民人均纯收入
		城镇登记失业率
		人口城镇化率
	社会保障	三险保障覆盖率
		棚户区改造完成率
	科技文化	万人拥有科技人员数
		每百人公共图书馆藏书
资源保障	资源存量	新增重要矿产资源接续基地
		森工城市森林覆盖率
		人均水资源量
	集约利用	资源产出率
		能源消费弹性系数
人居环境	环境保护	历史遗留矿山地质环境恢复治理率
		主要污染物排放总量
		工业废水排放量
		环境污染治理投资占 GDP 比重
	居住环境	建成区绿化覆盖率
		工业固体废弃物处理率
		工业固体废弃物综合利用率

9.2.2　资源富集区转型评价指标的含义

1. 经济发展指标

(1) 发展水平。

①人均 GDP = GDP/总人口 × 100%

尽管 GDP 在个别地区总量值较大，但由于人口众多，人均财富水平处于较低水平。剔除人口规模因素干扰的人均 GDP，能够真实地反映地区人均财富状况及发展水平。

②GDP 增长率 = （报告期 GDP/基期 GDP - 1） ×100%

反映资源富集区经济产出的增长速度，是衡量地区经济发展和地区发展潜力的重要动态指标。

（2）经济结构。

①采矿业增加值占地区 GDP 比重 = 采矿业增加值/地区 GDP ×100%

②服务业增加值占地区 GDP 比重 = 服务业增加值/地区 GDP ×100%

以上两个指标反映资源富集区转型过程中产业结构优化的变化。根据产业结构演进规律，随着经济发展，地区经济结构不断变更，以采矿业为代表的第二产业、以服务业为代表的第三产业所占比重逐步发生变化，并最终形成在经济发达阶段，转变为三、二、一的比例关系，即第三产业在经济体中所占比重最大，第一产业所占比重最小。

（3）发展动力。

①地区财政收入

资源富集区财政收入水平，在一定程度上反映了地方收入和积累的能力，影响地区转型发展的速度和效果。

②R&D 经费投入强度 = 投入科技研发费用额/地区 GDP 总值 ×100%

科技研发与创新是资源富集区经济发展的内在动力，该指标反映地方研发投入，是衡量经济发展动力的重要指标。

③固定资产投资占 GDP 比重 = 固定资产投资额/地区 GDP ×100%

固定资产投资是资源富集区转型的基本动力，为地区基本建设和发展提供资金保障，体现资本对地区转型发展的推动力。

2. 社会和谐指标

（1）生活水平。

①城镇居民人均可支配收入

该指标反映城镇居民当年人均用于最终消费和储蓄的总和，它的提高表明居民收入的提高，是衡量城镇居民生活水平最重要的指标。

②农村居民人均纯收入

该指标是农村居民当年从各渠道获得的总收入扣除获取收入所发生费用的总和，反映地区农村居民收入水平。

③城镇登记失业率 = 城镇登记失业人数/（城镇单位就业人员 - 使用的农村劳动力 - 聘用的离退休人员 - 聘用的我国港澳台同胞及外方人员 + 不在

岗职工＋城镇私营业主＋城镇个体户主＋城镇私营企业及个体就业人员＋城镇登记失业人数）×100%

该指标反映资源富集区城镇居民的就业情况，尤其是资源富集区转型导致的企业重组、倒闭等，会出现大量失业人员。

④人口城镇化率＝地区城镇常住人口/地区常住总人口×100%

该指标是地区城镇常住人口占总人口的比例，反映地区城镇化的进程，是衡量地区社会经济发展的重要指标。

（2）社会保障。

①三险保障覆盖率 ＝三险投保总人数/城市总人口×100%

三险投保总人数等于城镇基本养老保险参保人数、基本医疗保险参保人数以及失业保险参保人数的总合，该指标增加表明地区发展为普通居民提供基本社会保障能力的提高。

②棚户区改造完成率＝棚户区实际已改造户数/棚户区计划改造户数×100%

该指标反映资源富集区居民居住条件和居住环境的改善，是衡量社会人文发展的重要指标。

（3）科技文化。

①万人拥有科技人员数＝科技人员数/城市总人口×10 000

该指标表明地区科技工作者的基本力量，科技人员数量的增加为资源富集区转型提供智力支持。

②每百人公共图书馆藏书＝公共图书馆藏书/城市总人口×100

该指标反映地区居民拥有公共图书资源的数量情况，体现地区文化内涵和发展水平，是资源富集区转型的重要影响因素。

3. 资源保障指标

（1）资源存量。

①新增重要矿产资源接续基地。

②森工城市森林覆盖率＝地区森林面积/土地总面积×100%

森工城市森林覆盖率，是指地区的森林面积占土地总面积之比，反映该地区的森林资源丰裕度。地表植被覆盖率的提升，表明转型地区资源保护的成效，是衡量资源富集区生态环境的重要指标。

③人均水资源量 = 水资源总量/总人口 ×100%

人均水资源量表明，地区拥有水资源的情况，水资源是居民生产生活的根本要素，用于衡量地区可持续发展的能力。

（2）集约利用。

①资源产出率 = 地区生产总值/主要物质资源消费量

资源产出率是指，物质资源实物量的单位投入所产出的经济量，反映经济活动使用自然资源的效率。

②能源消费弹性系数 = 能源消费量年均增长速度/国民经济年均增长速度

能源消费弹性系数反映能源消费量平均增长速度与国民经济年均增长速度之间的比例关系，可用于预测在一定时期内地区能源的需求量。一般而言，随着地区科技进步、能源利用率的提高，能源消费弹性系数会普遍下降。

4. 人居环境指标

（1）环境保护。

①历史遗留矿山地质环境恢复治理率 = 已治理的遗留矿山数量/全部遗留矿山数量 ×100%

该指标反映资源富集区对矿山地质环境保护与恢复治理情况，是资源富集区转型的重要表现。

②主要污染物排放总量。

主要污染物包括化学需氧量、二氧化硫、氨氮、氮氧化物四类，该指标的降低表明大气环境改善，是衡量资源富集区转型效果的主要指标。

③工业废水排放量。

该指标为报告期内经过企业厂区所有排放口排到企业外部的工业废水量，包括生产废水、外排的直接冷却水、超标排放的矿井地下水和与工业废水混排的厂区生活污水，衡量地区工业主要行业的排污情况。

④环境污染治理投资占 GDP 比重 = 地区环境污染治理投资总额/地区 GDP ×100%。

环境污染治理投资是地方政府用于治理环境污染的投入，该指标的高低能够表明地方政府对治理环境污染的重视程度，重视程度越高越有利于资源富集区的转型。

（2）居住环境。

①建成区绿化覆盖率 = 建成区绿化覆盖面积/总面积 ×100%

该指标反映建成区的绿化覆盖面积占建成区总面积的比重。其中，建成区的绿化覆盖面积是指，城市中乔木、灌木、草坪等所有植被的垂直投影面积。

②工业固体废弃物处理率 = 当年处置工业固体废弃物量/当年各工业企业产生量总和 ×100%

该指标反映对工业固体废弃物的处理情况，指将工业固体废弃物焚烧或者最终处置于符合环境保护规定的场所并不再回收利用的工业固体废物量（包括当年处置往年的工业固体废弃物累计贮存量）。

③工业固体废弃物综合利用率 = 工业固体废弃物综合利用量/（工业固体废弃物产生量 + 综合利用往年贮存量） ×100%

工业固体废弃物综合利用率是指，工业固体废弃物综合利用量占工业固体废弃物产生量（包括综合利用往年贮存量）的百分率，表明对资源的再利用情况。由于资源产业生产过程中产生大量的固体废弃物，如果不能很好地利用，既造成资源浪费又导致环境污染。因此，采纳该指标来衡量资源富集区转型过程中的资源开发利用状况。

9.3 评价标准和综合评价方法

9.3.1 评价标准

资源富集区转型是一个复杂的系统过程，对资源富集区转型的评价除了必要的指标体系和方法外，必须有明确的基准，为评价及评价后的政策执行指明方向。由于评价对象的差异，要求评价标准的建立能够科学客观、目标明确且因地制宜，具有现实的应用性和指导性。

参照2007年国务院印发的《国务院关于促进资源型城市可持续发展的若干意见》以及2013年国务院印发的《全国资源型城市可持续发展规划（2013～2020年）》，资源富集区转型的根本目的是促进国民经济健康发展，实现区域协调发展，统筹推进新型工业化和新型城镇化，实现社会和谐稳定。为了实现该目的，应当坚持把经济结构转型升级作为加快资源型城市可持续发展的主攻方向，充分发挥市场机制的作用，改造提升传统资源型产业、发展绿色矿业，培育壮大接续替代产业，加快发展现代服务业，鼓励发展战略性新兴产业，推进资源型地区由单一的资源型经济向多元经济转变。根据这一目标，资源富集区转型的评价标准应包括以下主要指标，见表9－2。

表9－2　全国资源型城市可持续发展主要指标

指　　标		2012年	2015年	2020年	年均增长
一、经济发展					
地区生产总值（万亿元）		15.7	19.8	29.1	8%
采矿业增加值占地区生产总值比重（%）		12.8	11.3	8.8	[－4]
服务业增加值占地区生产总值比重（%）		32	35	40	[8]
二、民生改善					
城镇居民人均可支配收入（元）		16 033	>20 200	>29 700	>8%
农村居民人均纯收入（元）		7 607	>9 600	>14 100	>8%
城镇登记失业率（%）		4.5	<5	<5	
棚户区改造完成率（%）			>95	100	
单位地区生产总值生产安全事故死亡率降低（%）					[60]
三、资源保障					
新增重要矿产资源接续基地（处）					[20]
资源产出率提高（%）					[25]
森工城市森林覆盖率（%）		62	62.6	63.6	[1.6]
四、生态环境保护					
历史遗留矿山地质环境恢复治理率（%）		28	35	45	[17]
单位国内生产总值能源消耗降低（%）					[28]
主要污染物排放总量减少（%）	化学需氧量				[15]
	二氧化硫				[15]
	氨氮				[17]
	氮氧化物				[17]

资料来源：国务院网站．全国资源型城市可持续发展规划（2013～2020年）。

1. 资源保障有力

资源集约利用水平显著提高，资源产出率提高，重要矿产资源保障能力明显提升，新增重要矿产资源接续基地持续增加，重点国有林区森林面积和蓄积量稳步增长，森工城市森林覆盖率提高，资源保障主体地位进一步巩固。

2. 经济活力迸发

城市经济发展摆脱对资源采挖的高度依赖，资源性产品附加值大幅提升，接续替代产业成为支柱产业，服务业发展水平明显提高，多元化产业体系全面建立，产业竞争力显著增强。建立起资源城市利益补偿机制和衰退产业援助机制，资源型城市财政收入高于本地区城市的平均财政收入水平，财政状况迅速好转，城市自身转型发展能力得到增强。

3. 人居环境优美

矿山地质环境得到有效保护，主要污染物排放总量大幅减少，重金属污染得到有效控制，生态功能得到显著恢复。城市基础设施进一步完善，综合服务功能不断增强，生态环境质量显著提升，森林覆盖率、建成区绿化覆盖率、工业固体废弃物处理率和综合利用率明显高于全国平均水平。

4. 社会和谐进步

就业规模持续扩大，基本公共服务体系逐步完善，养老、医疗、工伤、失业等社会保障水平不断提高，住房条件明显改善。城乡居民收入增幅高于全国平均水平，城镇登记失业率低于全国平均水平，低收入人群的基本生活得到切实保障。文化事业繁荣发展，矿区、林区宝贵的精神文化财富得到保护传承。

9.3.2 综合评价方法

常见的综合评价方法有，层次分析法、数据包络分析法、因子分析法、模糊综合评价法、优劣解分析法、人工神经网络法、灰色关联度法等，具体的方法思路见表9-3。

表9-3 资源富集区转型综合评价方法比较

综合评价方法	优点	缺点
层次分析法	反映信息用的指标较少，评价结果需通过一致性检验，可信度高，可用于定量分析、定性分析	多指标情况下，统计工作量较大，权重不好确定，定量数据较少，定性分析偏多，依靠专家主观评定
数据包络分析法	适用范围广，便于处理大量的输入问题和输出问题，不受计量单位影响，无须设定权重，可进行目标值与实际值的比较分析	需分析数据的有效性，评价易受极值影响，决策单位相对效率只能通过投入或产出测算，且结果通常不一致
因子分析法	统计数据较多，信息有重叠，各指标之间有一定相关性	要求各指标间具有较强的关联性

续表

评价方法	优点	缺点
模糊综合评价法	兼容度高，有效性强，能对模糊评价对象作出比较科学、合理的量化评价，适合非确定性问题的解决	隶属度函数建立、权重确定主观性均较强，评价结果取决于专家素质
优劣解分析法	可以避免由于专家偏好不同而导致的差异，可向决策者提供直接明了可供参考的决策信息	在多因素分析情况下，确定指标的权重较为困难，需要借助其他方法
人工神经网络法	模型的权重通过学习得到，能够避免传统的评价方法中的主观因素影响	学习过程复杂，速度较慢，有可能导致失败
灰色关联度法	减少信息不对称带来的损失，工作量少，分析不要求典型的分布规律	权数确定的过程主观性较强

1. 层次分析法

层次分析法（analytic hierarchy process，AHP）主要适用于多目标、多准则，决策结构复杂的决策问题。该方法是 20 世纪 70 年代中期由美国运筹学家 T. L. 萨蒂（T. L. Saaty）提出的。它将有关元素分解为目标、准则、方案等层次，通过两两比较的方式确定层次中诸因素的相对重要性，进行单一准则下相对权重计算和一致性检验，然后，综合人的判断以决定诸因素相对重要性的总排序。它体现了决策思维的系统性、综合性与简便性的基本特征。层次分析法大致包括明确问题、建立层级结构、构造判断矩阵、层次单排序及一致性检验、层次总排序、做出决策六个步骤。这一方法在复杂决策过程中引入定量分析，并充分利用决策者在两两比较中给出的偏好信息进行分析与决策支持。

应用层次分析法解决绩效评价这类复杂、多目标的决策问题时，只需要利用较少的定量信息就能使决策的思维过程数学化，避免了多目标、多准则、无结构特性的复杂决策问题的主观决策误差。但是值得指出的是，层次分析法也有其缺陷与限制条件：一是判断矩阵偏好等许多主观因素的影响；二是判断矩阵有时难以保持判断的传递性；三是评价方案集中方案数的增减有时会影响方法的保序性；四是由于指标之间存在很强的相关性，层次分析法无法处理指标之间的相关性；五是综合评价函数采用线性加权公式，因而有属性的线性及独立性的限制，不能盲目应用。

2. 数据包络分析法

数据包络分析法（data envelopment analysis，DEA）在目前的绩效评估

实践中应用也较为广泛，它是由查恩斯和库柏（Charnes and Copper）等创建的一种评价方法。这种评价方法通过数学规划模型，计算、比较决策单元（DMU）之间的相对效率，然后评价研究对象。该方法最大的特点在于，无须事先设定各指标的权重参数，它以方案的各输入指标输出指标的权重为变量，避免了受主观因素的较大影响，从而减少误差，提高评价可靠性。各种DEA模型的研究应用较为广泛。DEA在研究“多投入、多产出”的生产函数的应用，由于不需要预先估计参数，可以避免主观因素、简化算法和减少误差，提高评价的可靠性。DEA的基本模型为CCR模型，当CCR模型放松了规模报酬不变的假设，可以得到BCC模型。

设有 n 个决策单位，每个 DMU 有 m 种投入和 s 种产出，x_{ij} 是第 j 个 DMU 对第 i 种投入量；y_{rj} 是第 j 个 DMU 对第 r 种的产出量（其中，$1\leqslant i\leqslant m$，$1\leqslant r\leqslant s$）。则 DEU_k 输入的 CCR 模型如下

$$\min\theta$$

$$s.t.\begin{cases}\sum_{j=1}^{n}\lambda_j x_j \leqslant \theta x_k \\ \sum_{j=1}^{n}\lambda_j y_j \geqslant y_k \\ \lambda_j \geqslant 0;\ j=1,\ 2,\ \cdots h\end{cases}$$

在上式中，θ 是第 k 个决策单元的效率值，当 $\theta=1$ 时，表示该决策单元相对是有效的，当 $\theta<1$ 时，表示该决策单元是DEA无效。

3. 因子分析法

因子分析法（factor analysis）由心理学家斯皮尔曼提出，是研究从变量群中提取共性因子的统计技术。基本原理是分类观测变量，将联系比较密切的关联性高的变量归为同一种类。每一种类的变量被看作一个公因子，代表一个互相之间关联性较低的基本结构。进行因子分析的目的是，通过少数因子去表达众多指标或因素之间的关联关系，即将每个包含几个联系比较紧密的变量的类变量作为一个因子，然后，通过这几个少数具有代表性的类因子去传达原始资料中的多数信息量。

因子分析模型的最终目标不仅是找到主要因子，更是为了知道每个主要因子的实际意义，以便分析实际问题的本质。当求出的主要因子解得到的各主因子的代表变量不很突出时，需要借助适用的因子旋转得出较为满意的主

因子解。最常用的因子旋转，是运用最大方差正交旋转法。因子分析模型建立后，通过应用该模型评价整体中每个样本的作用和地位，做出综合性评价。因子分析常有以下四个基本步骤：一是检测分析对象的原变量是否适合进行因子分析；二是构建因子变量；三是利用旋转法使原本不显著的因子更具可解释性；四是计算因子的得分然后排名评估。

具体的过程，一是采用 KMO 值以及 Bartlett 球形检验，分析该数据能否进行因子分析。二是由于各类指标的统计量单位有差异，将指标数据进行标准化处理后用于因子分析。三是对选取的指标进行主成分提取，即确定因子，之后通过正交旋转法提取公因子。四是根据旋转后获得的公因子的方差贡献率以及因子得分，计算客观绩效的总分值。各因子旋转后得到的方差贡献率作为权重值，指标函数即为各因子的线性组合。即：

$$F = \frac{(W_1 F_1 + W_2 F_2 + \cdots + W_m F_m)}{(W_1 + W_2 + \cdots + W_m)}$$

其中，W_i 为旋转前因子的方差贡献率或旋转后因子的方差贡献率。

4. 模糊综合评价法

模糊综合评价法（fuzzy comprehensive assessment）是将模糊数学应用于多目标综合评价的一种重要方法。它能够解决评价问题中存在的模糊性，尤其是定性评价信息较多的问题。多数评价方法的指标权重一般被人为给定，而且定性指标也多通过主观判断予以量化。而人的判断偏好固有的模糊性以及定性信息的模糊性，也要求人们用模糊数学的方法处理上述问题，以得到更符合实际的结果。

模糊综合评价法的主要步骤包括：先建立问题的目标集和评定集，分别确定它们的隶属度向量，然后在各个单目标评判的基础上，通过模糊映射得出多目标综合评价结果。许多学者在这方面做了较多的理论探讨与应用研究。除此之外，不少决策问题也采用了与模糊数学相结合的评价方法。模糊综合评价方法在政府绩效评估中运用能够使定性的评价得出量化的结果，而且在对各项指标评价之后可以清楚、明确地对其进行比较，得出各项指标的强弱。这有助于公共组织找出问题的根源，以提出有针对性的改进策略。模糊评价法也存在一定的局限，在评估实践中由于实际问题的各种约束，且可能受到评估人员主观因素的影响，得到完全科学、合理的评估结果存在一定难度。

5. 优劣解距离法

优劣解距离法（technique for order preference by similarity to an ideal solution，TOPSIS），是多目标决策分析中一种常用的有效方法，1981 年由 C. L. 黄和 K. 尹（C. L. Hwang and K. Yoon）首次提出。其基本思想是，基于归一化后的原始数据矩阵，找出有限方案中的最优解和最劣解，然后，分别计算各评价对象与最优解、最劣解的距离，获得各评价对象与最优解的相对接近程度并进行排序，以此作为评价优劣的依据。

优劣解距离法的主要步骤包括，建立标准化决策矩阵；建立加权标准化决策矩阵；确定最优解与最劣解；计算备选方案与最优解、最劣解距离；计算备选方案相对贴近程度；依据相对贴近程度对备选方案进行排序，确定最优方案。一般而言，多数评估方法产生的评估结果会由于评估者偏好的不同而不同，使得决策者不知该如何采纳。优劣解距离法的优点在于，可以避免上述问题，并向决策者提供直接明了可供参考的决策信息。其缺点是在多因素分析情况下，确定指标的权重较为困难，需要借助其他方法。

6. 人工神经网络

人工神经网络（artificial neural network，ANN），是模仿人脑工作原理的一个理论化模型。如同大脑由众多的神经结构和细胞体构成一样，它由大量的处理单元通过一定的方式相互连接构成。能够模拟人的大脑神经处理信息的方式。人工神经网络的工作原理是根据提供的数据，先以一定的学习准则进行学习和训练，找出输入、输出间的内在联系，进而求取问题解并进行判断评价。人工神经网络具有大规模并行、分布式存储和处理、自组织、自适应和自学习能力，特别适合处理模糊的、不精确的和需要同时考虑许多因素的问题。

基于人工神经网络的多指标复杂综合评价方法通过自学习、自适应、强容错性以及非线性拟合能力，建立更接近人类思维的定性和定量相结合的综合评价模型。这种分析方法通过将专家评价思想以特定方式赋予网络，使得其可以模拟专家进行定量评估。由于模型的权重是通过学习得到的，使其能够避免传统评价方法中的主观因素影响。利用人工神经网络进行综合评价应用的难点在于训练集选取困难，获得人工神经网络的学习样本还需借助其他方法来进行。在获取样本集后，人工神经网络通过学习，网络中将储存各指标的权重。然后，输入实际问题的特征参数，人工神经网络就可以自行给出评估结果。在评估实践中，较为常用的是 BP 神经网络，即以误差反向传递学习算法（BP 算法）进行训练的神经元模型，由鲁姆哈特等（Rumelhart et al.）于 1985 年提出，是一种多层次反馈型网络。

7. 灰色综合评价法

在控制论中，灰色系统是介于信息完全知道的白色系统和信息完全不知道的黑色系统之间的中间系统。1982 年，著名学者邓聚龙教授提出了灰色系统理论，能够处理部分已知、部分未知的贫信息系统，通过对部分已知的信息进行处理开发来确定未知的信息，适用于只有少量观测数据的项目。由于现实社会经济问题的层次复杂性和关系模糊性，灰色系统理论被应用在相关领域的评估工作中。灰色关联分析是一种应用较广的评价方法，其基本原理是从评价对象的各个指标中选取最优值并作为评价标准，然后，计算各方案与最优方案之间的关联度大小，并以此进行排序然后做出优劣评价。灰色综合评价法是定性分析和定量分析相结合的综合评价法，可以较好地解决评价指标难以准确量化和数据获取的问题，能够排除人为因素造成的影响，使评价结果更加客观。缺点是要求指标数据具有时间序列特性，且灰色关联分析的评价指标体系和权重分配合适与否，对评价结果也会产生影响。

通过以上几种评价方法的介绍，可以看出每种方法都不是完美的，都是既有优点，同时也存在一定缺陷。出于实际问题的考虑，学者们研究时尝试两种方法、多种方法的综合应用，从而实现取长补短、优势并存的效果。在对资源富集区转型评价时，应当结合实际情况，采用合理适用的方法对评价指标权重进行确定，并开展进一步评估，做出更加科学、合理的评价结论。

10

国内外资源富集区经济转型经验借鉴

10.1 国外经验

10.1.1 德国鲁尔区

鲁尔区具有百余年的发展历史，是德国最大的工业区，也是世界重要的工业区。鲁尔区取名于鲁尔河，最早是指鲁尔河中、下游地带的煤炭开采范围。随着采煤向北扩展，鲁尔区的界限也不断扩大，通常将鲁尔煤管区开发协会所管辖的地区作为鲁尔区的界限。长期以来，煤炭工业和钢铁工业是鲁尔区的主导产业，从 19 世纪中叶开始，在此后的 100 多年中，煤炭产量和钢产量在全国占重要地位。鲁尔区是非常典型的资源型地区，在整个地区的发展历程中，因为对资源的高度依赖，经历了从形成到繁荣，再随着资源的枯竭而衰退，然后，因转型成功而再度繁荣的过程。

1. 鲁尔区的产业转型背景

使地处内陆的鲁尔区与海洋密切相连，地理位置十分重要。第二次世界大战以后，鲁尔区的煤炭工业快速发展。1957 年，鲁尔区煤炭工业发展达到顶峰，煤矿总数为 155 座，煤炭产量为 1.3 亿吨，职工人数约为 50 万人。煤炭行业飞速发展的同时，由于欧洲大建铁路和制造铁壳船，钢铁需求量大增，从而大大促进了鲁尔地区钢铁工业的快速发展。

进入 20 世纪 50 年代后，由于廉价石油的竞争，随着煤炭资源的减少，国际能源结构的变化，这个百年不衰的工业区，爆发了历时 10 年之久的煤业危机，继而又发生了持久的钢铁危机。先是煤炭产业的衰退。20 世纪 50 年代以后，世界能源结构发生重大变化，石油和天然气等新能源的大规模应用使煤炭工业受到巨大冲击，煤炭在鲁尔区失去了原有的垄断地位。到 20 世纪 60 年代初，鲁尔区的煤炭开采成本由于其煤矿地质条件差、煤层埋藏深等原因而大大高于美国、中国和澳大利亚等国。煤炭开采成本上升，使鲁尔区在国际煤炭销售市场中渐渐处于劣势。煤炭的销售危机直接导致了大量矿井关闭，从而使得矿工减员、滞销煤炭积压。鲁尔区经济发展所遇到的困难，不仅是石油同煤炭竞争的结果，更主要的是单一经济结构所造成的不良影响。20 世纪 60 年代后，尤其是 70 年代中期，世界性的经济危机使汽车、造船、建筑业等部门的生产大幅度下降，加之塑料、铝合金等各类钢铁替代品的广泛应用，钢铁需求量大为减少，鲁尔区钢铁工业陷入严重困境。

随着两大主导产业的衰退，鲁尔区经济增长速度明显放慢，失业人员不断增加，失业率的急剧上升，造成社会矛盾激化。鲁尔区的经济与社会发展面临危机，经济结构调整和转型迫在眉睫。

2. 鲁尔区的经济转型措施

（1）成立专门机构，全面统筹区域发展规划。

鲁尔区的经验教训是，在经济发展初期，政府没有对土地开发利用、环保以及城市规划等有一个全方位的预期规划，从而导致一系列的问题。比如，环境遭到破坏，地区经济形象被损害等。在经济转型过程中，鲁尔煤炭区开发协会从全区发展的角度思考，总体规划统筹兼顾，发挥了很大作用。在“总体开发规划”中，任务职责是营造与保护森林绿地；处理垃圾；改善环境质量；满足员工的精神文化需要和娱乐生活要求，并建设相应的设施，接受各市县的咨询委托；开展本地区的测绘工作，并进行全盘规划等。

（2）因地制宜实施产业结构调整和优化。

首先，鲁尔区高度重视工矿资源产业接续发展，延长产业链而不是舍弃原有资源产业。鲁尔区建立起一批军事工业基地及机械制造业基地，扶持一批当地企业开展煤炭就地深加工，实现了区域其他产业与煤化工产业的协调发展。其次，重新修订了《区域产业发展整体规划》，大力发展石化、汽车、电子及精密仪器等产业，并设立与之配套的产业部门，重点扶持资本、技术密集型产业；再次，重视发挥科技创新引领作用，强调产学研密切结合。鲁尔区专门制定了《科技创新成果收益使用管理相关规定》，明确提出将科技创新成果的相关经济收益的较大比例提取，用作下一轮科研项目研发保证资金，构建了完善的科技发展支持体制。最后，发挥不同地区的区域优势和资源优势，发展优势特色产业，实现产业结构多样化。如，多特蒙德市依托众多的高校和科研机构，大力发展软件业；杜伊斯堡发挥其港口优势，成为贸易中心；埃森市则凭借其广阔的森林和湖泊，成为当地的休闲和服务中心，并依托“鲁尔文化基金会”大力发展旅游产业，多元化产业格局逐步形成。

（3）采取多种措施营造良好投资氛围，提升区域知名度。

首先，发挥市场机制的灵活调节作用。经济的发展总是处于一定的社会环境之中，落后的经济社会发展制度会使得经济发展缺乏活力。鲁尔地区充分发挥市场的功效，通过行政、立法等各种手段消除了影响中小企业发展的各种阻碍，降低了企业之间的交易成本，营造了有利于企业发展的良好社会环境。其次，大力改善交通基础设施。鲁尔区不但大力发展铁路，而且在区域中心修建了机场跑道，大力发展航空物流。鲁尔区成为集海运、铁路和空运于一体的国际货运网络枢纽，获得很多国际资本青睐，大大提升了鲁尔区的区域影响力。另外，制定各种优惠政策。优惠的商业用地价格是影响企业投资的重要因素，鲁尔区决策者制定土地优惠等各种政策，给予投资者各种优惠，从而吸引了大量外部资金。

（4）大力扶植职业教育，加大教育投资。

区域经济发展与区域人才资本数量和质量密不可分。区域产业结构调整，企业技术创新都需要相关从业人员不断提升自身专业技能。企业经营绩效往往和企业周边地区能否提供满足企业发展的人才密切相关。鲁尔区决策者充分认识到发展职业教育的重要意义，大力扶植各种职业教育和技能培训机构，加大教育投资，为本区域企业的发展和转型升级提供了大量高水平的技术人员和管理人员，保证了区域企业发展的人才需求。

（5）促进企业规模向小型化发展。

鲁尔区之所以选择发展中小企业而不是大企业，是因为当时西方的主流经济学家认为小企业和大企业相比，机动性强，在员工选择上更随意，产品更符合市场需求，改革的风险和成本更低。鲁尔区政府采取了许多措施来保护和扶持中小企业发展：一是人员培训方面，为了满足企业发展对人才的需求，设立了业余培训、脱产培训等多种形式的培训机构；二是产品竞争力方面，颁布了《关于中小企业研究与技术政策总方案》，这一文件的出台，是对产品科技和质量进步的催化剂；三是立法方面，频繁修改《反对限制竞争法》，形成良好的市场环境，是中小企业萌芽的温床。这样，通过一系列政府措施，形成了大企业与中小企业并存，相互补充、相互协调的良性竞争环境，改变了以往传统的大工业为主导地位的经济格局，大大激活了鲁尔区的经济发展。

3. 鲁尔区的产业转型效果

经过几十年经济转型探索，鲁尔区不再是一个衰落的工业区。恰恰相反，在改革以煤、钢为主的单一结构的进程中，鲁尔区正逐步形成广泛多样的工业结构，明显地表现出积极向前发展的趋向。鲁尔区拥有密集发达的交通网络、庞大的高素质劳动力队伍、齐全的工业门类、巨大的销售市场和相对低廉的工资费用。在莱茵河下游，建起了现代化的煤炭工业、石油工业和新型钢铁企业以及许多其他企业。传统产业的生产效率大幅度提高，中小企业得到快速发展，服务业取得了突破性进展。鲁尔区的老工业经技术改造后，煤炭、钢铁、造船业的生产效率都得到了提高、产品结构也得到了很大调整。

政府政策着重支持 100 人以下的中小企业，这些中小企业涉及化工、橡胶、微电子、工艺品制造等各个领域。采用新工艺、生产新产品的中小企业得到很大发展，鲁尔区经济发展充满了活力。服务业的发展吸收了煤矿、钢铁业剩余下来的大量劳动力，成功转型的鲁尔区，仅有 8% 的劳动力在传统的煤矿业和钢铁业就业，而在服务业工作的比例高达 63%。1994 年，鲁尔区 GDP 达到 2 328 亿马克。

经济得到发展的同时，鲁尔区还营造了良好的投资环境。1989 年，慕尼黑经济发展研究所对欧洲一万多家企业的调查结果表明，鲁尔区是欧洲产业区位条件最好的地区之一。不仅如此，鲁尔区还以优美的生活环境、良好的居住条件、一流的科技文化和运动设施而享有较高的知名度。1990 年 12 月，美国华盛顿人口危机委员会发表了世界 100 个特大城市和产业人口密集区生活质量的评估报告，按生活质量和等级排序，鲁尔区列世界第二位、欧洲第一位。鲁尔区的经济转型取得了显著成效，彻底摆脱煤、钢工业衰退造成的经济衰退，走上良性循环的发展道路。

10.1.2 美国休斯敦市

1. 转型背景

美国的休斯敦市是从石油城成功转型的杰出代表。休斯敦市（Houston）位于得克萨斯州东南沿海，是美国东南部最大的城市，也是得克萨斯州第一大城市、全美最大的石油工业中心和第三大港。休斯敦市原是农牧区，油气资源丰富，从1901年得克萨斯州油田开发利用之后，各石油公司将总部迁移至此，休斯敦市很快从一个小镇跃升为南部最大城市，成为美国石油工业的中心。19世纪40年代，其石油日产量最高时达到1.1亿吨，炼油能力占到全国的1/3，乙烯占到全国的2/5，人造橡胶占到全国的一半以上，重要地位可见一斑。20世纪60年代后期开始，休斯敦市因石油资源枯竭，供应量锐减，开采量滑坡，油田效益下降。1980年，由于油价大跌等原因，休斯敦市经济面临严重困难，失业率一度高达10%。

2. 具体措施

一是利用地理和资源优势培育支柱产业，延长产业链条。1914年，休斯敦市在大力发展石油工业的同时，建立了休斯敦港。港口和运河的优势使传统商品的贸易数量增加，贸易辐射能力增强，休斯敦市迅速从一个木材与棉花集散地变成美国最大的贸易港口之一。第二次世界大战以后，大批的新兴石油业及与之相关配套工业在运河沿岸地区投资设厂，石化工业、炼油工业沿航道两岸迅速发展，带动了机械、电力、水泥、造纸、钢铁、粮食、交通运输等多种产业的发展，把休斯敦打造成了美国重要的能源供应和石化工业中心。

二是新建主导产业，形成多元产业格局。20世纪60年代初，休斯敦市凭借强大的经济优势，着手建立美国最大的约翰逊宇航中心，担负起设计和制造航天器，选拔、训练宇航员、策划和指挥载人太空飞行，进行太空科学实验等多项培训和实验任务。航天工业的发展，带动了电子、仪表、精密机械等1 300多家高新技术产业。80年代，休斯敦市又凭借积累的社会财富和石油资源、航天开发利用的技术、资金、人才优势，开始发展生物医药、工程器械、信息设备、金属加工、办公室设备和计算机、发动机和建筑设备、油气运输设备等相关产业，调整产业结构，形成了以石油化工、航天技术为主体的多元化产业结构，降低了对石化资源的依赖程度。

三是发展第三产业，打造功能完善的国际化大都市。休斯敦市利用其在石油、天然气方面的突出地位，经常举办相关的展览会。旅游会展业每年可以给休斯敦市引来千万国际旅客，来自全球的人流、物流、信息流和资金流汇聚于此，进一步增强了休斯敦市的发展动力。此外，城市的迅猛发展也确立了休斯敦市的国际贸易中心、国际空港、世界癌症治疗中心等世界级地位。

3. 转型效果

休斯敦市面对城市所依赖的主导产业开发，不拘泥于资源产业开发。在钢铁和石油主导产业萎缩后，城市陷入衰退之中，环境受到严重污染。在产业转型中，以主导产业为依托，延伸石化产业链条，做强接续产业；发挥其他资源优势，新建机械、电力、钢铁、交通运输和第三产业等主导产业，培育替代产业。休斯敦市在石油开采业的发展初期就谋划发展石化产业，因而，休斯敦市的经济发展没有受到石油开采不景气带来的太大影响。20 世纪 70 年代以来，休斯敦在石油开采、冶炼、加工效益很不景气的情况下，依托石油工业的技术和人才优势，着手发展航空航天、电子信息、仪器仪表、精密机械等行业以及金融贸易、医疗卫生、科研教育和饮食服务业等第三产业，形成了多样化的产业格局。休斯敦市城市经济快速发展，人口规模飞速增长，城市功能随之转变，商业、金融、医疗、服务和旅游等第三产业得到较好发展。休斯敦市成为美国人口增长最快、最具发展潜力的城市，城市性质随之发生根本性变化，为实现可持续发展和再度繁荣奠定了基础。

10.2 国内经验

10.2.1 焦作市经验

河南省焦作市是历史悠久的资源型城市，因煤而兴，煤田保有储量 32.4 亿吨。焦作市除了煤炭资源，其他自然资源也十分丰富，现已探明储量的矿产资源主要有石灰石、铝矾土、耐火黏土、硫铁矿等 20 多种以及少量铜、铁、石英、大理石、铝、锌、磷、锑等。此外，焦作市水资源、土地资源、生物资源和旅游资源极为丰富。国家依据焦作市丰富的资源，建立了矿产资源开采为主的工业体系。20 世纪 90 年代的繁荣时期，焦作市拥有矿产资源开采及相关企业 1 200 余家，涉矿企业增加值占焦作工业增加值的 90% 以上。

1. 转型背景

资源依赖型的单一经济结构，在矿产资源特别是煤炭资源经过多年的开采而日益枯竭的现实背景下，使得焦作市经济发展出现了不少问题：一是经济增速放缓。“九五”期间，焦作市 GDP 年均增速仅为 3.5%，低于全国同期平均增速 4.8%，更是低于河南省同期平均增速 6.6%；二是失业率提升；三是城市环境污染严重。经过多年大力开发，矿区地质环境进一步恶化。水资源污染、地面变形、煤矸石污染等地质灾害日益频繁。环境污染问题不仅影响城市形象，而且严重制约着焦作市社会经济的可持续发展。

2. 具体措施

一是发展战略新兴产业，促进产业结构转型升级。焦作市产业转型从两方面展开：一方面，发挥原有主导产业优势，延长产业链条。大力发展铝、化学工业、能源、装备制造、汽车零部件、农副产品深加工六大战略性支撑产业；另一方面，则是依靠科技创新，积极培育新兴产业。焦作市抓住国内产业转移的历史机遇，积极承接产业转移，重点培育了光伏光电、风电、生物、新材料四大战略新兴产业。风电制动、超硬材料、太阳能电池封装玻璃、怀药深加工等产品及技术在同行业具有较强的竞争优势，产业规模日益壮大。

二是发挥旅游资源优势，大力发展旅游产业。焦作市历史悠久、文化底蕴丰厚，是中华文明的发祥地之一。现有国家级文物保护单位 14 处，省级文物保护单位 58 处，古代建筑 183 处，古文化遗址 176 处。焦作市地处太行山脉与华北平原的过渡地带，拥有云台山、青天河、神农山、峰林峡、青龙峡五大景区。云台山景区集国家 5A 级旅游区、国家重点风景名胜区、国家森林公园、国家地质公园、国家水利风景区、国家猕猴保护区于一身，入选首批中国国家自然遗产预备名录。青天河、神农山景区为国家重点风景名胜区、4A 级旅游区，韩愈陵园为 3A 级旅游区，峰林峡、朱载堉纪念馆为 2A 级旅游区。1999 年，焦作市成立旅游局，焦作市委、市政府坚定不移地实施“旅游带动”战略。2003 年 3 月 31 日，“焦作山水”和“云台山”被评为中国旅游知名品牌，2004 年 1 月，焦作市被国家旅游局正式授予“中国优秀旅游城市”称号，2004 年 2 月 13 日，云台山、青天河、神农山、峰林峡、青龙峡五大园区共同被评为云台山世界地质公园，入选全球首批世界地质公园，成为世界级的旅游产品。焦作山水已为越来越多的游客所认识，焦作市正逐步由旅游资源富市向旅游大市、旅游名市和旅游强市迈进。

三是加强生态环境保护和治理工作，改善生态环境。第一，大力开展矿山环境恢复治理工作。焦作市先后修编完成了《焦作市矿山环境保护与治理规划（2006～2015 年）》《绿色生态焦作矿山地质环境综合治理三年行动规划（2012～2014 年）》《焦作市矿山复绿行动实施方案（2013～2015 年）》等规划文件，以此作为矿山环境恢复治理的指导文件。第二，加大生态环境治理投资力度。争取中央政府和省财政补助矿山地质环境治理资金市财政投入配套资金，通过一批游园、主题公园、经济林、高产田等项目实施，极大地提高了山区群众生产、生活质量，改善了焦作市北部山区的生态环境。第三，为巩固治理成果，开展“回头看”活动。“回头看”活动检查内容主要包括：“两取缔”工作，取缔非法采矿点，取缔非法矿产品收购（储存、加工）点，包括石料加工厂、洗沙厂、石灰窑、搅拌站等。“一整顿”工作，规范持证非煤矿山企业生产行为；加强监管，确保污染物达标排放；矿产品运输车辆管理，规范矿产品运输行为。“一恢复”工作，积极申报和争取矿山治理项目，全面推进已投资的矿山治理项目，创造好的投资治理环境，逐步恢复北部山区生态环境。

四是加大教育投入力度，为经济转型提供人力支撑。目前，全市有各级各类学校 897 所，在校生 87.3 万人，教职工 5.2 万人，教育人口占全市人口的 26.1%，形成了大、中、小、幼齐备的教育体系。多次被授予全国两基工作先进地区、全国推进义务教育均衡发展先进市、全省职业教育攻坚工作先进市等多项荣誉。2011 年以来，焦作市多方投入学校建设资金 15.2 亿元，新建、改扩建中小学项目 378 个，中小学办学条件明显改善。焦作市先后被确定为全国义务教育均衡发展综合试点市、全国中小学教师职称改革试点市和国家级教育信息化区域综合试点。此外，焦作市十分注重与河南理工大学、焦作大学以及其他科研机构在人才培养、技术开发等方面的合作，制定《焦作市高层次人才认定办法》《焦作市高层次人才住房保障实施办法》《焦作市高层次人才配偶就业实施办法》《焦作市高层次人才子女入学实施办法》《焦作市高层次人才医疗保障实施办法》等文件，加大力度吸引人才。

五是发挥区位优势，加强区域之间合作。焦作市区位优势非常明显。它地处我国南北交汇点，东西结合部，具有承东启西、沟南通北的枢纽地位。有焦枝、焦太、焦新、月侯四条铁路，河南省第一条城际铁路郑焦铁路已经开通。拥有郑焦晋、新焦济、济洛、焦温等高速公路，地方高速公路与国家干线高速公路连通，实现了“县县通高速”“乡乡通二级”“村村通硬化路”。由于区位优越，早在1982年，焦作市就与济源、鹤壁、安阳、长治、晋城等市组成了“中原经济协作区”。近年来，焦作市积极开展对外交流活动，力争和外界联合开发区域自然资源和旅游资源。由于地缘文化，以焦作市为代表的豫西北地区与晋南地区的长治、运城和晋城等交流合作日益频繁和深入。目前，在国家“一带一路”倡议背景下，焦作市更应该抓住机遇积极融入，进一步搞好区域之间的合作与交流。

六是政府积极转变发展思路，调整发展战略。为避免单一的资源依赖经济结构可能导致的不良后果，焦作市适时转变发展思路、调整发展战略，在发展主题下，调整发展模式、方式，实施“第三次创业”。关于经济结构转型，提出了“工业强市”“打造焦作旅游山水品牌”“调优第一产业、调强第二产业、调大第三产业”等总体发展思路；而在城市转型和形象塑造方面，提出了“建设山水园林城市”的战略目标。

3. 转型成效

通过一系列转型措施，城市功能进一步完善，逐步形成了以中心城市为核心、各县城为卫星城，连接各小城镇的城镇化网络格局。焦作市已经初步实现了从单一资源城市向综合性城市的转变，焦作市成功实现经济转型，摆脱“资源诅咒”的做法值得众多资源型城市学习借鉴，成为中国资源型城市产业转型的标本城市。

10.2.2 大庆市经验

大庆市位于黑龙江省西部，是一座富含石油、天然气、地热等资源的资源型城市。1960年4月，大庆石油会战开始，世界级油田轰轰烈烈建设起来，石油产量迅速提升。1965年，实现了中国石油自给自足。1979年12月

14 日，大庆油田上崛起的新兴石油城被正式命名为大庆市。从 1976 年开始，大庆油田原油产量达到 5 000 万吨以上，并连续稳产 27 年。从 2003 年大庆原油产量开始进入衰减调整期，2009 年起原油产量稳定在 4 000 万吨左右。

1. 转型背景

在长期维持石油高产、经济社会快速发展的同时，大庆市遭遇了与其他资源型城市一样的发展困境。

（1）城市经济发展面临资源枯竭威胁。大庆市是因油而生、因油而兴的城市，大庆市石油经济占 GDP 的 65% 左右，其中，地方财政收入 75% 来源于石油经济，可以说石油经济是大庆市的命脉。然而，过去 50 多年的油田开发已经累计采出可采储量的 78%，剩余可采储量仅为 5.6 亿吨。从 1992 年起，大庆油田开始出现储采失衡，年储采比为 1.5∶1。由于后备资源严重不足，大庆油田原油产量从 1999 年开始就以每年 150 万～200 万吨速度调减，加之含水量上升，开发成本提高，已不能在长时间内维持现有产量水平。原油储量以及开采量的双下降制约石油采掘业对城市经济的持续推动能力。大庆市亟须寻求接续产业和替代产业，为城市经济持续增长寻找新的动力和支撑。

（2）产业结构性矛盾制约城市发展。大庆市的经济结构高度单一化。2009 年，大庆市石油经济占全市经济的比重约为 52%，地方财政收入 75% 来源于石油经济，接替产业较弱小，增长方式比较粗放，自主创新能力较弱，工业整体素质不强，农业基础还比较薄弱，服务业发展相对滞后。

（3）体制性、机制性矛盾制约城市发展。国有经济比重高达 80%，非公有制经济发展不充分，市场化程度低，发展活力不足。财政、土地管理体制还没有完全理顺。

（4）安置就业压力大，为社会带来不稳定因素。地方经济发展还很弱小，就业吸纳能力不强。同时，油田每年新增子女就业 2 000 人左右，全市每年还有大量的复转军人、大中专毕业生等需要安置，解决就业问题和再就业问题难度大，给维护企业和社会稳定带来很大压力。

（5）城市功能不完善制约城市发展。城市布局分散，基础设施不健全，历史欠账较多，聚集功能不强。市场功能不足，大型批发市场对周边地区辐射作用不强。地质、生态环境破坏污染严重，全市森林覆盖率仅为 10.6%，草原退化、沙化、盐碱化面积已达 84%，油田开采区草原荒漠化程度已达

95%。耕地沙化、碱化严重，水资源严重匮乏，形成5 000多平方公里的区域地下水位降落漏斗，恢复生态环境难度很大。

2. 具体措施

大庆市在城市转型中以发展壮大接续产业为主线，在战略实施过程中逐渐优化产业结构，自主创新、优化环境、经济转型等领域都取得了显著成果。

（1）多措并举，创建百年油田。

一是加大新探区勘探力度。二是发挥科技优势，提高油田采收率。三是坚持适度开采，为大庆市发展接续产业和替代产业提供较长的养护期，也为石油战略储备提供后备资源。采取多种形式，经济有效地开发边际油田，提高资源运用率。四是坚持“走出去”发展战略，充分利用国内、国外两种资源，积极开展省外、境外油气勘探开发和生产服务业务，实现石油企业的可持续发展。

（2）发展大石化，夯实工业基础。

大庆市充分利用自身资源优势，做强石化产业，在经济结构调整过程中逐渐实现接续产业壮大。首先，做强石油化工，优化区域资源配置、调整工艺路线、增加化工原料等优势产品产量，满足成品油供应需求。其次，做大天然气化工，在满足本省民用天然气需求的同时，把天然气化工产业打造成带动区域经济增长的新支柱产业。最后，进一步延伸石化产业链条，发展有机化工原料、精细化工、化纤、聚烯烃、橡胶等行业。

（3）加速提升非油经济比重，壮大接续产业。

在第一产业方面，积极发展现代农业。以畜牧业为发展重点、培育特色种植业，目前，大庆市农业方面正大力实施“农转牧”的产业战略，畜牧业的产值已经超过农业总产值的50%。生猪养殖基地已经具备260万头的养殖能力，家禽养殖基地的产出已达到3 000万只，奶牛生产基地鲜奶加工产量达120万吨。在第二产业方面，大庆市形成了以产业园区为载体，突出石油石化、新材料、电子信息等产业的集群化发展。在第三产业方面，注重对于现代服务业的培育，特别是对于金融、物流、旅游、服务外包等现代服务业和战略型新兴产业都加大扶持力度。截至2010年底，非油经济比重由36%提高到52.8%，以非油工业为主体、现代农业和服务业为两翼的接替产业框架初步形成。

（4）加强城市建设，完善城市功能，为转型提供良好的软硬环境。

大庆市按照“生态、自然、现代、宜居”的理念，坚持系统规划、整城建设、纵深管理、开放开发，实施市级重点工程188项、完成投资1 406亿元，实现由局部建设向整体开发、基础功能补位向综合功能提升、矿区城市向现代都市的历史性转变。启动建设规划总面积366平方公里的庆南、庆北、庆东和庆西，拉开城市战略框架，为城市发展留出空间。大庆机场、铁路东西客运站和城际客运专线，龙凤湿地大桥、大广高速、萨大路、西一路、公路客运枢纽、肇源新港等39项重点项建设，为大庆市构建了水陆空立体交通体系。东城水库水厂、东城热源等34项重点市政基础设施项目的建设，使得市政基础设施进一步完善。

（5）实施“引进来、走出去”战略，推动经济社会对外开放。

资金和市场“瓶颈”是城市转型的重要制约因素。大庆市通过坚持招商引资“五个转变”，制定各种招商鼓励政策，以园区招商、专业招商、委托招商、会展招商等多种形式开展对外招商，吸引社会资金和外埠资金，开拓外埠市场。

（6）推进生态市建设，恢复区域生态。

生态环境改善是资源型城市转型的重要标志。大庆市推进“植树、复草、治水、净气、降噪”工程。2010年，大庆市城区绿化面积增加到8 942公顷，建成区绿化覆盖率达到45%，全市森林覆被率提高到11%。大庆是著名的“天然百湖之城”，城区内有黎明湖、万宝湖、三永湖等天然湖泊，市政府通过对水系的全方位治理，更加亮化了大庆市的沿湖景观。实施“百园建设”，提升城区内的绿化水平，建设了城市森林公园等生态景观，实施一退三还和全面的草原禁牧。深入开展污水、废气、噪声、垃圾等城市污染综合整治。大庆市荣获全国文明城、国家卫生城、国家环保模范城，成为同时拥有“三城”品牌的全国七个地级城市之一。

（7）以民生工程为依托，加强经济社会协调发展。

改善城镇居民的生活，提高居民幸福指数是资源型城市转型的根本目标。大庆市以就业、社会保障和科技教育等民生问题为突破口加速城市转型。通过支持自主创业、劳动培训等方式提供劳动力再就业岗位，努力将失业率控制在4%以内。在劳动保障和卫生事业等领域也得到了全面提升，大庆市卫生保障服务网络不断完善，在黑龙江省率先实现全民医保，新型农村合作医疗普及率达到99%，实行三级医院领办社区卫生服务。以开展国家文明城市创建活动为契机，大庆市市民整体文化素质也得到有效提升。持续改善住房条件，主城区棚户区改造基本完成，建设城市老居住区使之旧貌换新颜，以及回迁安置房、经适房等保障性住房，城镇人均住房建筑面积由35.5平方米提高到40.1平方米，农村住房砖瓦化率有所提高，城乡居住环境明显改善。

（8）科技创新驱动力加速释放。

在资源转型过程中，大庆市始终瞄准现代化、国际化城市的建设目标，加强城市科技创新能力建设。

3. 转型成效

大庆市是全国闻名的石油城市，在20世纪90年代初，大庆市就提出二次创业的口号，积极探索资源城市转型的道路。2005年，大庆市被国家确定为转型试点之后，抓住了历史机遇，在2006~2010年的城市转型上取得明显成效。

（1）经济实力跨越提升。

石油经济稳步发展，石化产业快速扩张，地方经济连年跨越。经济总量和财政收入实现双翻番，GDP由1 400亿元增加到2 900.1亿元、连续五年保持10%以上增长。

（2）结构调整成效显著。

粮食总产量突破100亿斤，比2005年翻一番；地方工业增加值由130亿元增加到520亿元，年均增长44%。三次产业结构由3.0∶85.9∶11.1调整为3.3∶82.2∶ 14.5，石油经济与非油经济比例由65∶35调整为52∶48。

（3）生态环境更加优化。

森林覆盖率由8.5%提高到10.6%，城市建成区绿化覆盖率由35.6%提高到45%，人均公共绿地面积由8.5平方米提高到13平方米，草原“三化”治理率为34.5%，主要污染物排放总量得到有效控制，年均空气质量优良天数达到350天以上，万元GDP综合能耗下降20%。

（4）扩大对外开放，城市经济外向度进一步提升。

2010年，实现进出口总额15.41亿美元、年均增长41.3%，上市企业达到17家、融资近百亿元。

（5）社会事业全面进步。

发展科技、教育、文化、卫生、体育等各项社会事业，引领发展的创新体系、均衡公平的教育体系、优质便民的医疗体系、功能完善的文化体系基本形成，公共服务水平不断提高。基础教育水平始终保持黑龙江省领先，高等院校达到8所，社区卫生服务覆盖率达到100%，科技进步对经济增长贡献率达到49.1%。

（6）城市人民生活改善。

城市居民医保实现全覆盖；城镇累计新增就业21.8万人，登记失业率控制在4%以内；城镇居民人均可支配收入由13 661.9元提高到20 016元，年均增长7.9%。

10.2.3 甘肃省玉门市的困境

玉门市位于中国甘肃省河西走廊西部，因油而设，因油而兴，是典型的石油资源型城市。新中国成立后，玉门油田在社会主义建设中发挥了重要作用。1957年，玉门建成中国第一个现代石油工业基地，先后承担了中国石油工业“大学校、大试验田、大研究所”和“出人才、出技术、出产品、出经验”的“三大四出”历史重任，为新中国的诞生、建设和发展做出了巨大的历史性贡献。

在中国石油工业上的突出贡献，也带给了玉门发展的机遇。“一油独大”的畸形产业结构，是玉门市国民经济的重要特征，也是玉门市经济迅速陷入衰败的症结所在。2010年经济数据显示，石油及炼化产业贡献了玉门市国民经济增长的70%以上，而财政收入中也有60%以上来自石油及相关产业，第三产业仅占10%左右。玉门油田累计探明石油地质储量16 898.17万吨，其中，可采储量4 773.87万吨。经过近70年的发展，油田已进入枯竭性开采阶段。剩余储油高度分散，并且，油水关系复杂，依靠现有技术，进一步提高采收率的作用有限，挖潜增产措施效果不佳，加之缺乏储量接替，致使采油难度越来越大，成本居高不下，经济效益逐年下滑。

玉门市发展中的问题远不止这些。由于石油资源的逐步枯竭，油田企业进行了多次改组改制和经营结构、布局结构的大幅度调整。这对近半个世纪以来为服务石油企业而建立起来的地方行政体系、工商企业框架和社会服务体系造成了严重冲击。特别是1998年以来，地方政府为服务油田开采而兴办的化工、轻工机械、石化下游开发等工业企业，糖酒、五金、饮食服务等配套的商贸服务企业绝大多数破产倒闭，原市属工商业体系全面崩溃。统计数据显示，1996年玉门市有市属工业企业90家，经过1998年前后的破产重组，2000 年仅有 8 户企业勉强维持经营。玉门老市区曾是酒泉地区商贸流通业发达、商贾云集的繁华区域。20 世纪末，个体工商户占全市总数的 85%，达到 5 122 户。但是，随着石油经济萎缩、城市人口锐减，市场萧条、消费萎缩。随着企业的接连破产与个体户的锐减，产业经济的萧条最终导致地方税源的缩水。

风险并不止于此。由于玉门市政府搬迁新址和一些企业破产倒闭，导致新市区城市建设、老市区基础设施改造和下岗失业人员安置方面的资金需求急剧增加，地方财政收支平衡的压力很重，城市转型资金缺口较大。经济资源流失严重，经济发展动力削弱。一方面，由于油田企业部分搬迁和生活基地的搬迁，造成了大量人口迁徙。尽管有 3.72 万的移民迁入补充，但是迁出者多为收入比较高、消费能力比较强的人群，而迁入者多为贫困群体，消费能力弱，因此导致消费需求大幅下降，消费需求对经济发展的带动能力减弱。另一方面，迁出者多为专业技术人才和具有较高文化素质的产业工人，迁入者多为较缺乏技能的农业人口，从而导致专业技术人员供给不足，经济发展的科技动力和智力支撑减弱。同时，油田企业及生活基地的搬迁，大量地方企业的破产倒闭，导致企业存款和居民储蓄存款大量外流，经济发展所需的资本供给持续减少。玉门市城市化率由 20 世纪 90 年代的 70% 以上骤降至目前的 35% 左右，市属工业经济比重也一直在6% ~8% 区间徘徊，整座城市正在衰竭。

玉门市从 20 世纪末提出迁城以实施城市经济转型，至今已有十余载。为支持玉门市经济社会转型，2009 年 3 月，玉门市被国务院列入第二批 32 个资源枯竭型城市名单中。被列入该名单，除了能获得诸多优惠政策，还能获得中央的财政转移支付资金和省级政府配套资金。有了充分的资金，如何建立完善的产业经济结构，是摆在玉门市政府面前最关键的问题。

10.3 启 示

虽然国内外资源型城市在自身状况、转型时机、转型措施和转型效果方面存在较大差异，但是分析它们经济转型成功经验或失败教训，给我们带来以下几点启示。

1. 资源型城市经济转型需要政府主导

资源型城市的转型是一项复杂的系统工程，它涉及生活的方方面面，为了促进资源型城市的转型工作顺利进行，需要政府通过成立专门机构和制定法律来协调各方面利益。从上述国内外实践看，转型过程中成立领导机构、制定统一发展规划、实施具体转型措施都是在政府的主导作用下完成的。

2. 资源型城市经济转型需要政府大力扶持

资源型城市的经济转型不是一蹴而就的，是一个缓慢的发展过程，特别是在转型初期，上级政府应该给予资源城市各种优惠政策，加大对资源型城市转型的扶持力度。德国鲁尔区在经济转型过程中，联邦政府、州政府以及市政府都在各自的位置上发挥应有的作用。一方面，在政府中设立专门机构，制定发展规划，因地制宜优化调整产业结构；另一方面，给予大量资金支持、政策优惠，指导和促进区域经济发展。比如，基础设施的建设、教育科研的投入、人员的再就业培训、吸引外资的优惠政策、对中小企业的资金和技术资助等等，都需要政府大力扶持。

3. 资源型城市经济转型要因地制宜展开

上述国内外资源型城市转型成功的一条重要经验就是因地制宜。资源型城市经济转型过程中要充分考虑当地的交通区位、资源禀赋、人文历史等各种条件，发现比较优势，合理选择并发展新兴产业和替代产业，进行准确自我定位。并且，失败案例也告诉我们，当资源型城市已经进入经济衰退期、资源枯竭期，再考虑经济转型将是一个痛苦漫长的过程，因此，资源型城市应制定长远规划，选择合适的转型时机。中国资源型城市众多，发展阶段各异，资源型城市政府部门必须要有长远发展规划，避免玉门市转型失败案例的发生。中央政府可以充分发挥立法手段和经济杠杆的作用，加强宏观调控力度，整体把握资源型城市的经济转型。资源型城市政府要认清本地优势与劣势，制定适合本地区的发展规划，并做到依据现实及时调整政策。

4. 资源型城市经济转型要政府转变职能

城市政府的职能要依据社会经济发展的需要发生相应转变，对资源型城市的政府而言，一方面，要弱化政府的直接管理职能，将本应当由企业承担的职责交还企业，充分发挥企业的自主性；另一方面，政府还要提高服务意识，发挥市场监管、经济调节和社会服务职能。当前，资源型城市的政府在经济转型过程中主要扮演决策者和监督者的角色，在扮演服务者这一角色方面，做得远远不够。因此，资源型城市政府应提高服务意识，转变职能，成为一个更有效率、更有服务意识、更负责任的政府，才能在资源型城市经济转型方面发挥更大作用。

11

资源富集区经济转型的制度创新及对策建议

11.1 资源富集区经济转型的制度创新

1. 明确转型目标，制定科学规划，引导城市可持续发展

无论是德国的鲁尔区，还是中国的焦作市和大庆市，要使资源型城市走出困境、实现经济转型，政府始终要起主导作用。为了实现城市的可持续发展，必须先明确城市的发展目标。城市经营者必须在比较优势和因地制宜的原则下，制定城市发展的目标和定位。首先，在发展定位上，一个城市的存在不是因为它在国内或国际上有多大的影响力，而在于它是否具有自己的鲜明特色，因此，城市经营者应该从城市所在区域的地理区位、自然资源禀赋和社会人文特色出发进行定位。其次，在城市发展方向上，未来的经济结构和产业结构应该是该地区历史继承和创新的产物，也应该是区域特色和比较优势结合的产物。最后，城市的发展目标和定位一经确立就要以规划的方式确定下来，演化为一代人或几代人为之努力的行动。

2. 完善资源富集区经济转型的财政支持制度

（1）采取直接扶持措施。

从以上国内外资源型城市转型的经验可以看出，政府在城市转型过程中发挥着不可或缺的作用，积极地采取资金直接扶持的方式，促进经济转型的发展。主要用于三方面：第一，基础设施建设。良好的基础设施建设可以达到改善投资环境的目的，以吸引大量外资企业。第二，改造传统产业，培育新兴产业。资源型城市的衰落取决于资源型产业的衰退，因此，为了实现资源型城市的再度振兴，应该对资源产业进行改造，寻找新的经济增长点，培育新兴产业。根据区域的特点，有选择性地寻找支柱产业和新兴产业，实现产业结构调整。加大对新兴产业、中小企业和服务业的资金投入，引入高新技术来扩展产业链、推动产业升级，提高产品的科学附加值。第三，注重人才的培养。这些措施不仅保障了资源型城市的可持续发展，还得到了城市居民的拥护和支持，也保证了社会的稳定发展。

（2）提供优惠政策，吸引外部资金的投入。

资源型城市转型过程需要庞大的资金量，资源依赖型区域的政府负担重已经是一个突出的问题，仅仅依靠政府的力量很难推动城市转型。大量的外企进入资源型城市，不仅为该城市发展带来大量资金，还带来高技术人才和科学的管理制度，而这些都是资源型城市进行转型所必需的资源。因此，为了吸引更多资金流入，实现经济再度振兴，资源富集区政府应该实施一些财税优惠政策，如可以采取税收优惠、低息贷款和就业赠款等优惠政策。在短期内，这些优惠政策的实施会减少当地的财政收入，但是，从长远来看，会鼓励企业扩大生产规模、促进就业，增强经济发展动力。

（3）设立专项基金。

一方面，中央政府虽然也加大了对资源型城市的资金支持，但是，这些资金并没有规定具体的用途，所以，为了提高资金的使用效率，应该设立专项基金；另一方面，也要完善对专项基金的监督体制，有效的监督体制能保障资金不被随意挪用；还应该建立有效的评价体系，对专项资金的实施效果进行评价，进一步提高资金的使用效率。要加大对科学技术的支持，尤其在资源型城市亟须转型的阶段，技术创新可以说是转型成败的关键，可以建立技术创新发展专项资金，该项基金重点用于技术研发、技术创新、重大应用示范工程等，能够有针对性地支持战略新兴产业的发展。

3. 建立培训教育制度，促进就业和再就业

资源型城市因为资源而兴起，资源依赖性较强，产业结构大多比较单一，形成企业员工技能单一，不能适应资源型城市产业转型的需要。为了改变这种状况，一方面，要制定各种优惠政策，吸引国内外知名企业和配套企业到资源型城市共谋发展，形成产业集聚，进而带动人才集聚；另一方面，要把职业培训作为经济转型的重要方面，开展一系列有针对性的培训。中国

资源富集区政府应结合当地实际情况，建立有针对性、引导性的培训措施，使得在转型中失业的人员和低收入人员得到很好的安置。

4. 制定法律法规，提供转型保障

资源型城市经济转型是一个系统工程，涉及社会生活的方方面面，因此，制定完善的法律法规体系，为资源型城市经济转型和可持续发展提供制度保障非常必要。在这方面，德国的做法值得我们借鉴。德国矿山法对矿山开发和矿区复垦也有详细的规定，严格限定环境保护的标准和完成的质量标准，并实施一系列优惠政策措施来扶持、改造煤、钢业。矿区经过复垦的耕地、草地、森林和人工湖交互辉映，面貌迥异。

5. 完善社会保障制度，确保社会和谐

资源型城市经济转型和产业结构升级过程，原有企业破产或重组势必会不同程度地造成相关行业和企业工人的大量转岗、下岗和失业。总体来讲，资源型企业员工大多集中居住，大量下岗、失业人群将会带来社会不稳定因素。因此，为了保障资源城市经济转型顺利进行，只能采取多种措施，妥善解决下岗职工、失业职工再就业问题和在岗职工转岗问题。德国的经验是，为下岗员工和失业人员提供再就业、创业和生活等多方面特殊的优惠政策。美国的经验是，政府、公司、工会组织等多方出资设立基金，成立社区委员会来保障基金的发放公平和运行安全，从而解除了失业人员的后顾之忧。国内外资源型城市的成功转型经验表明，资源型城市要想转型升级成功，都要依据区域本身资源开发利用情况，因地制宜，采取综合性措施，把转型升级作为“一揽子”工程推进和实施，而不仅仅是主抓经济的转型升级。

6. 完善创新管理制度，以科技推动和引领城市可持续发展

创新是一个城市发展的不竭动力，这个创新既包括技术创新，也包括经营理念创新和文化创新。无论是解决历史遗留问题还是化解资金“瓶颈”，都是城市可持续发展不可避免的障碍。这些障碍相互交织、错综复杂。解决这些难题要改变求稳怕变的惰性，突破因循守旧的思想，创新城市经营理念和方法，运用创新思维解决前进中的问题。城市要加大创新投入，有意识地营造鼓励创新的文化舆论氛围。积极引进高等学校和科研院所，提升城市科技软实力。加大科技创新投入和成果转化，让创新成为城市发展的新动力。

11.2 资源富集区破解生态环境难题的策略

1. 提高采矿人员的环保意识

在矿产资源开发过程中，采矿人员是否拥有保护生态环境的意识，是否认识到采矿可能会导致生态环境恶化，是否采取行动，参与到生态环境保护活动中去，都会直接影响矿区生态环境的改善。因此，应采取多种措施，不断提高采矿人员的环保意识。首先，应该做好宣传工作。宣传可以让更多的人认识到环境保护的重要意义，从而增强人们的责任意识，因而是环境保护中重要的一环。在环保宣传中，应发挥企业干部带头作用，采取适度原则，保证为后代留下充足的可用资源。其次，坚持保护优先、预防为主的原则。无论是改扩建的矿山还是新开发的矿山，都要以避免破坏生态环境为前提，如果采矿会对当前的生态环境产生严重影响，就要立即停止继续施工。在采矿过程中，还要注意做好正确的社会伦理引导，让社会公众认识到环保的重要性。最后，做好激励工作。对于采矿人员不仅要做好宣传，提高环保意识，还要采取多种激励手段，使其在工作中兼顾生态效益与社会效益，从而实现经济发展与环境保护的协调统一。

2. 积极采用生态开发技术

对于采矿企业来说，矿产资源开发的目的在于实现企业利润最大化。但是，采矿企业的生产具有较大的负外部性。在采矿过程中，如果环境保护措施不足，矿产资源一旦枯竭，不仅企业无法继续获利，还会对子孙后代的生活产生较大的消极影响。因此，对于采矿企业来说，眼光应看得长远一些，不能只注重眼前利益，在采矿过程中积极采用生态开发技术。首先，在矿产资源开采中，要积极采用清洁生产技术，并注重推广绿色无污染技术，让生产过程和消费过程变得无污染，或者将其控制在国家允许的范围内。其次，在矿产资源开发过程中，还要注意推广废弃物利用技术。在采矿过程中，会产生大量垃圾，如果能够将其回收再利用，也将会减少对生态环境的威胁。不仅如此，废弃物处理技术的正确利用不仅可以提高资源使用效率，还能降低生产成本。最后，在矿产资源开发过程中，还要注意在减少严重浪费的同时，减轻生态环境污染。

3. 建立先进的企业内部管理机制

为促进资源开发与环境保护的协调发展，矿产资源开发企业应结合自身情况，构建先进的内部管理机制。首先，加强企业内部管理体系建设，明确目标责任。当前生态环境保护已成为采矿企业的重要目标，为了完成这一目标，采矿企业在生产过程中要加强管理体系建设，将环境保护目标分解落实到个人身上，确保生产中排放的废弃物不会污染环境。其次，建立有效的绩效考核机制。如果确定环境保护目标后缺乏考核，目标就可能落空。因此，采矿企业要构建有效的考核机制。考核指标设置应该具体化、数量化、多元化。在干部的政绩考察时，应将生态环境保护绩效作为考核的内容，调动他们的工作积极性，只有这样才能让更多人主动参与生态环境保护。最后，建立生态技术的管理机制。因此，相关企业建立完善的机制，妥善安排管理这些技术。

4. 加大政府扶持力度

矿产资源开发企业作为以盈利为目的市场经济主体，其生产本身具有较大的负外部性，政府作为市场经济的监管主体、调控主体，其监管和支持对矿产资源开发与环境保护的协调发展具有重大影响。政府应监督企业环境保护工作的进展情况，并加大扶持力度。具体来说，扶持方式可以采取以下几种方式。

一是提供补贴资金，缓解企业环保投入资金压力。不少矿产资源企业经营状况不佳，对于改造和升级治污设备心有余而力不足。对于这一类型的企业，政府要给予一定补贴，缓解其环保投入资金压力。对于主动投资购买先进治污设备的经营较好的企业，也应给予设备补贴，鼓励其环保投入积极性。

二是进行税收调节。对于治污效果较好的采矿企业给予税收优惠，对于治污效果差、严重污染环境的矿产资源开发企业要提高赋税，必要时加处一定罚款。对于污染特别严重的企业，如果发现其排污严重超标，还可以对其征收环境资源补偿税，环境资源补偿税税率较高，筹集资金用于生态环境治理。税收激励与惩罚可以从经济利益角度引导资源开发企业在生产过程中重视生态环境保护，进而参与到废弃物治理过程中。

三是建立技术生态化扶持机制。资源富集区经济发展水平的不同，直接影响生态化技术的采用。为实现经济发展与环境保护协调发展，资源富集区政府应加大对经济条件差的地区采矿企业的扶持力度，让企业从以污染环境为代价发展生产的怪圈中走出来，增强企业市场竞争能力，同时改善当地生态环境。

5. 完善相关法律法规

许多矿产资源开发企业注重自身经济发展，忽视生态环境保护，与中国当前环境保护法律法规体系不完善有密切关系。做好相关法律法规建设应从以下两方面展开。一是优化环保立法环境。环保部门在开展工作过程中需要有法律依据。只有处罚做到有法可依，才能使违法企业信服。环保法律法规体系的完善，应从优化立法环境开始。相关部门结合中国国情，借鉴国外有价值的法律条例，及时修补与完善环保相关法律法规，明确指出环境污染违法责任。二是严格环保执法。环保执法部门应做到严格执法，在发现违法行为后严格按照法律办事，对于任何造成污染的主体一视同仁。三是做好环保法律知识宣传。环保法律知识宣传可以提高人们的法律意识，明确经济发展与生态环境保护之间的关系。同时，依靠广大群众做好生态环境保护监管，才能有效地打击各种污染生态环境的行为，有效提升法律的权威。

6. 发挥政府的行政管理职能

（1）要实行总量预算管理，落实减排措施，为经济社会发展提供环境容量。

资源富集区政府相关部门应综合运用工程减排、结构减排、管理减排等措施，持续强化污水处理厂、垃圾处理设施等环境基础设施建设，大力推进重点排污企业治污工程建设，加快淘汰落后产能，积极推进清洁生产，实施资源综合利用，促使企业提升技术装备水平，加强环境监测能力建设，为经济社会发展腾出更多环境容量。

（2）要加强源头控制，严格环境准入，为加快经济发展方式转变提供支撑。

一方面，要根据资源环境禀赋和环境承载能力，对优化开发、重点开发、限制开发、禁止开发的不同功能区，实施不同的准入政策，优化区域发展布局；另一方面，要推行空间准入、总量准入、项目准入和专家评议、公众评议相结合的环境准入制度，严格执行建设项目“三同时”制度，严格控制“两高一资”项目和低水平重复建设，从源头上减少污染排放，加快构建资源节约型和环境友好型国民经济体系。

（3）要实行规划环评，提高审批效率，为经济社会发展提供优质高效服务。

当前，我们正处于加快承接产业转移的重要机遇期，要充分发挥规划环评服务经济发展、优化发展方式的作用，加快建立健全规划环评和项目环评的联动机制，积极探索开展区域环评。

（4）要创新环境管理机制。

综合运用财政、税收、价格等多种经济手段，加快建立排污权有偿使用和交易管理制度，完善生态补偿机制，实施绿色信贷、绿色保险、绿色采购制度，研究建立企业环境行为信用评价制度，逐步建立企业保护环境的激励机制和约束机制，让资源使用者和污染排放者承担相应费用，形成守法企业受益、违法企业付出沉重代价的良性机制。

7. 要建立环保公众参与制度

加强舆论引导和宣传教育，提高全民环境意识，推动全社会牢固树立生态文明理念。要畅通公众参与环境保护的渠道，充分听取群众意见，切实维护群众的知情权、参与权和监督权。

12

实证研究

——以河南省资源富集区为例

12.1 河南省发展现状

1. 经济社会发展状况

河南省地处中国腹地，人口众多，矿产种类齐全，资源丰富。根据2016年《河南省国民经济和社会发展统计公报》可知，截至2016年底，河南已发现的矿种多达144种，已查明资源储量的矿种110种，已开发利用的矿种93种。其中，能源矿产6种，金属矿产23种，非金属矿产62种，水气矿产2种，仅2016年新发现的大中型矿产地就达到19处，在众多资源中河南省以煤炭资源为主。作为中国最早展开煤炭资源开采的省区市之一，河南省同时也是国家规划的13个大型煤炭基地之一，随着中国经济的腾飞和河南省经济的壮大，一批煤炭资源城市也随之迅速兴起，河南省的城镇化建设已经进入大提速发展阶段。

河南省资源富集的区域众多，根据国务院2013年11月发布的《全国资源型城市可持续发展规划（2013～2010年）》可知，河南省共拥有包括三门峡市、洛阳市、焦作市、鹤壁市、濮阳市、平顶山市以及南阳市在内的七个资源型地级市，拥有七个资源型县级市，分别为登封市、新密市、巩义市、荥阳市、灵宝市、永城市和禹州市，另外还有安阳县，一共15个资源富集区，这些城市为河南省的经济社会发展做出了突出贡献。在矿产资源的大力加持下，河南省逐步形成了包括河南能源化工集团、平煤神马集团、郑州煤炭工业集团、河南神火集团、郑州煤矿机械集团等骨干煤炭企业为主的产业格局。目前，河南省煤炭产业布局已经形成了涵盖煤炭地质勘探、建设、机械制造、洗选加工、煤化工、煤发电、煤层气开发等领域的完整产业链条，GDP 持续增长，经济社会的增速不断提高，城镇居民的收入也在逐年增加。然而，河南省的资源富集区经济在经历了多年高速发展后，“路径依赖”现象突出，其资源富集区经济总量的增长速度也在逐年下降，产业经济发展路径单一，产业结构升级之路任重而道远。

2. 自然资源条件状况

河南省作为中国的产煤大省，在开发煤炭资源的过程中有一定的政策因素。例如，在 2007 年，国家首个《煤炭产业政策》出台，年产 1.8 亿吨左右煤炭的河南省成为国家 13 个煤炭基地中唯一一个以省为单位的煤炭基地。2013 年，国务院在《全国资源型城市可持续发展规划（2013～2010 年）》中划定河南省的 15 个地区为资源富集区，分别归类为成长型城市、成熟型城市、衰退型城市和再生型城市，将其中的禹州市、永城市归为成长型资源型城市，将三门峡市、鹤壁市、平顶山市、登封市、新密市、巩义市以及荥阳市归为成熟型资源型城市，将焦作市、濮阳市和灵宝市归为衰退型资源型城市，将洛阳市、南阳市和安阳县归为再生型资源型城市。这些资源型城市源源不断地为河南省的经济社会发展提供各类必需的矿产资源。

然而，研究表明，河南省虽然是产煤大省，但却不是综合性的资源大省，目前，河南省已经探明的矿产资源储量以及森工资源等并不能满足省域内经济大规模开发的需要。自 21 世纪以来，河南省的煤炭资源产量退居全国第三位甚至第四位，而人均煤炭资源占有量仅为 246 吨，这个数字不足全国平均水平的 1/3，且目前已经在勘察进程中的资源量增长幅度明显低于煤炭开发幅度。河南省已经逐步由煤炭外销大省变为煤炭净调入省，后备资源已初现危机。除了资源储量上的先天不足，河南省的一些矿区还存在严重的地质沉陷灾害以及矿区环境污染灾害。例如，为了加强河南省矿山地质环境的恢复治理，国务院在《全国资源型城市可持续发展规划（2013～2010 年）》中将中原油田、濮阳油区划为地下水破坏的重点治理工程加以监督，将平顶山市舞钢铁矿区划为尾矿库污染综合治理试点工程，以推动河南省的污染物防治重点治理工程的顺利进行。

12.2 传统经济发展模式下面临的问题

1. 产业结构单一，主导产业多为超重型

河南省的资源型富集区产业经济结构中，最重要的问题就是产业结构单一，以第二产业为主的重工业比重偏大，加工制造业比重偏小，且产业发展的成熟程度大都处于产业链的初级阶段，产品结构中资源型初级产品占绝对优势。与之相反的是，经济结构中高科技产业链条发展不足，产业链条发展滞后，且以服务业为代表的第三产业不发达，在经济产业结构中比重偏低。资源富集区城市的产业结构一般由资源开采业、电力、建材、冶金、化工等高耗能产业组成。自改革开放以来，非资源型的相关产业链条在资源富集区城市中有了不同程度的发展，但是河南省大多数资源富集区城市的产业结构仍比较单一，以重工产业为主。2006~2015 年，河南省资源富集区的第二产业在国民经济收入中所占的比重变化趋势，除了濮阳市近年来第二产业比重低于 50%，其他资源富集区的第二产业比重均在 50% 之上，大部分资源富集区的第二产业比重在 2008~2012 年超过 60%，登封市的第二产业比重在 2010 年甚至逼近 80%，对其他产业造成了严重的挤出效应。

2. 经济发展极易受到外部环境影响

资源型城市一般都是产业结构重型化，现代化程度较低。且资源型城市过分依赖资源产业，递进速度慢，造成一般资源型城市经济稳定性差，一旦资源枯竭、资源价格变动或者遇到政策性因素时，就会对城市发展产生严重的不良影响。因此，资源富集区的经济社会发展状况极易受到外部因素的影响。

对于全国范围来讲，由于受到国际经济金融环境的影响，导致国际煤价不断走低，以澳大利亚、印度尼西亚、俄罗斯和蒙古国为代表的传统资源出口国大量倾销煤炭以保持资源方面的经济收入，导致国际煤炭资源价格进一步降低。过低的国际煤炭价格对国内煤炭资源市场形成了强烈冲击，与国际煤价相比，国内煤炭价格明显高于国外进口煤炭价格的到岸价。在此背景下，国内煤炭企业的经营业绩遭受严重打击。据 2015 年中国煤炭工业协会发布的中国煤炭企业 100 强分析报告显示，2014 年，中国煤炭前 100 强企业

的利润总额仅为 841. 57 亿元，同期前 100 强煤企的营业收入和资产总额分别为 4. 16 万亿元和 5. 7 万亿元。由此可以得出，2015 年，中国煤企前 100 强的平均销售利润率和资产利润率仅为 2. 02%、1. 48%。

从河南省资源富集区的地区 GDP 角度来讲，河南省资源富集区的 GDP 同样容易受到外部环境影响，河南省的资源富集区 GDP 增速受外部影响较大，具体为 2009 年的增速拐点和 2012 年的增速拐点。由于近几年煤炭价格持续走低，一些资源富集区的经济发展速度也大受打击，经济转型的需要十分迫切。

3. 产业之间关联性差，城市功能分散

一般来说，资源富集区城市建设初期，在地方政府和国家政策支持下，大量财政资金和外来企业投资建立了大型资源型企业，这些资源型企业源源不断地为国家工业化建设提供原料和能源，是国家工业体系建设的重要组成部分。在政策倾斜和国家经济建设的背景下，国有企业的技术相对先进而中小企业和乡镇企业技术则相对落后，由此形成了鲜明对比。另外，在资金不充足的情况下，资源富集区城市的资源产业部门由于其规模大以及建设周期长，长期占用大量资金，相对来说，其他产业部门就会因为缺乏周转资金而发展缓慢，形成资金分配上的挤出效应。另外，资源型产业具有长期稳定发展的特点，而资源价格又很容易受到外界环境影响，因此，在国际、国内经济形势不断变化的情况下，规模庞大的资源型产业随机应变能力较差，在短期内难以实现产业转型。

大部分资源型国有企业功能大而全，同时，“企业办社会”这种企业特征和企业功能在某种程度上会和城市功能产生冲突，从而使城市功能发展受到限制。在中国的发展经验中，通常是先发现矿产资源，在开采中建立资源型企业，最后建立资源型城市。在传统的计划经济体制下，这些大型或特大型的国有资源型企业拥有完整的自我服务功能体系，其所在城市提供的服务功能很难进入这些企业，因此，城市中的非国有企业更难进入该类企业，在此情况下城市只是资源型企业的附庸，缺乏一般城市的综合功能。

4. 人口构成和就业结构失衡

对于资源富集区来讲，矿产资源开发不仅是支撑地区社会经济发展的主导力量，同时，也是当地财政收入的主要来源，因此，一般资源富集区从事资源开发的人口占当地居民的比例很大。在资源富集区城市建设初期，其经济增长的主导性产业一般为资源开采业，对技术水平的需求不是很高，所以，参与资源型产业的城市职工中文化层次偏低的比重较大。在人才结构方面，往往是资源型产业人才济济，对其他产业的人才注入产生了挤出效应，人才缺乏。这种情况在经济高速发展的情况下，一直延续到资源富集区经济发展的中后期，向资源开采和资源加工行业过度倾斜，无法向城市提供转型的多元化人才。

除此之外，由于资源型产业非常容易受到外界因素和内部压力的影响，因此，当矿产资源价格下降或产业衰退时，通常会伴随着大量失业现象。而且，由于资源开采和资源加工行业的职业性质，就业机会经常会偏向于青壮年劳动力，然而，河南省人口逐渐偏向老龄化，在资源开采加工业等行业中的工作人员也随之“老龄化”。再者，相对于矿产资源相对贫乏的非资源富集区城市来说，在经济发展后期资源富集区城市劳动力比重明显低于前期，甚至低于同时期的非资源富集区劳动力比重，这也说明资源富集区城市的人口老龄化程度较为严重。另外，通过比较资源富集区城市与其他城市在人口年龄结构上的差别，发现资源富集区城市常住人口的年龄结构在整个经济发展过程中相对于其他城市变化较大，老龄化的速度通常也更快一些。这就意味着，随着资源开发的进一步深入，资源富集区城市的矿产资源储量濒于枯竭，其城市经济的发展速度也在快速衰退。

5. 高校资源欠缺，城市吸引力差

河南省高校众多，2016 年在校生人数达到 187 万，然而，几乎一半的高校集中在郑州市，河南省资源富集区城市的高校数量和在校生人数相对较少。河南省资源富集区的高等教育不仅数量少而且质量欠佳。在高校的学生来源结构中，非本地学生在整体学生结构中占据很大比例，这些学生的消费能力对当地经济发展具有明显的带动作用。由于高校学生的吃、穿、住、行都要在其高校所在的城市解决，这些年轻人已经悄然成为城市主要消费群体之一，这无疑会有力地带动当地第三产业的发展。而且，高校给城市带来的最大资源就是智力资源，高校研究的科研成果可以直接转化到城市的生产、生活和城市管理中。而且，很多高校学生在毕业后会选择留在高校所在城市工作，这也是高校为资源富集区城市吸引人才的一种方式。然而，河南省的资源富集区城市一般高校数量少，导致在校学生人数少，难以汇集优质的教

师教学资源，因此，办学质量很难提升，难以像其他城市那样借力于高校资源实现转型。

6. 生态环境失衡

资源富集区开发矿产资源对河南省的经济建设起到了积极的推动作用，但同时也对当地的生态环境系统造成了极大破坏。在经济增速放缓的同时，加剧了人与资源、环境保护的矛盾。例如，平顶山市是河南省较为重要的煤炭资源储备基地，但地区的自然资源开采条件比较复杂，并且，采掘业大多为井工煤矿（煤层埋藏较深，必须采取地下作业的方式），需要在地层中进行采掘，危险系数极高，且容易破坏含煤地质体的原始生态平衡模式。由于平顶山市进行了长期地下煤炭开采，再加上矿坑的回填措施不到位，其矿区、部分城区甚至周边农村区域的生态环境都遭到了非常严重的破坏。造成道路、通信、厂房等基础设施均有不同程度的损坏，也对附近单位和居民的正常生产和生活造成了极大影响。此外，塌陷区导致细小灰尘颗粒随风散播，以及矿区各种混杂排放的废水、污水和地下煤层散发出有害气体的传播，都会致使周边空气质量和地表水受到很大影响，小到影响当地农作物收成，大到严重危害群众的身体健康。除了煤炭开采对土地表层和矿区附近基础设施的大量损毁，平顶山市的市区扩张建设等活动也对土地造成了不可逆转的破坏。长期来看，一旦不可再生的土地资源被大量破坏，那么，农村居民赖以生存的生产资料就会越来越少，农村剩余劳动力势必会增多，社会就业压力增大，同时，如果无法处理好剩余劳动力的就业问题，对社会和谐关系进步也会产生影响。

12.3 地区经济转型条件

1. 区位交通优势

河南省位于黄河中下游，是中国承东启西、连南贯北的重要交通枢纽，拥有铁路、公路、航空、水运、管道等相结合的综合交通运输体系，其中，京广、京九、太焦、焦柳、陇海、宁西、侯月、新月、新菏等九条铁路干线经过河南省。除了铁路运输之外，河南省的公路运输也非常发达，截至2016年底，河南省的高速公路通车里程达到6 448千米，居全国第三位。其中，京港澳高速、连霍高速、济广高速、大广高速、二广高速等 17 条国家高速公路、50 余条区域高速公路以及 105、106、107、207、310、311、312 等 23 条国道纵贯河南省。郑州、商丘、洛阳、南阳、周口等城市均建有环城高速公路。郑州、洛阳、新乡、南阳、商丘、信阳、开封、漯河、周口等城市均为国家公路运输枢纽。除此之外，2017 年 2 月 3 日，国务院《关于印发“十三五”现代综合交通运输体系发展规划》的通知将郑州市定位为国际性综合交通枢纽，将洛阳市、商丘市定位为全国性综合交通枢纽，这对河南省的其他资源富集区城市的经济转型升级提供了重要的道路辐射作用。

2. 经济基础优越

河南省作为人口大省，农业基础雄厚，工业发展迅速，服务业发展潜力巨大。就 GDP 来讲，河南省 GDP 排名在各省区市 GDP 排名中名列前茅，且增长趋势强劲；就工业基础来讲，河南省的众多资源富集区在发展过程中积累了相当多的工业技术支撑，且国家级经济技术开发区项目和国家级高新技术产业开发区项目大多坐落于资源富集区城市，见表 12－1，这对于河南省资源富集区城市的顺利转型提供了经济技术支持和政策支持；就第三产业来讲，无论是社会消费品零售还是金融业、证券业，河南省第三产业的发展速度十分迅速。纵然在资源富集区城市中第二产业仍然是主导产业，但是近几年第三产业发展迅速，发展潜力非常大，为资源富集区城市转型提供了良好的基础。

表 12－1　河南省经济开发区分布情况

国家级经济技术开发区	
郑州经济技术开发区	洛阳经济技术开发区
许昌经济技术开发区	新乡经济技术开发区
漯河经济技术开发区	开封经济技术开发区
鹤壁经济技术开发区	红旗渠经济技术开发区
濮阳经济技术开发区	/
国家级高新技术产业开发区	
郑州高新技术产业开发区	洛阳高新技术产业开发区
安阳高新技术产业开发区	南阳高新技术产业开发区
新乡高新技术产业开发区	平顶山高新技术产业开发区
焦作高新技术产业开发区	/

3. 旅游资源丰富

河南省现有世界文化遗产 6 项 25 处，全国重点文物保护单位 358 处，国家5A级旅游景区13处，世界地质公园4处，国家重点风景名胜区12处，国家级自然保护区13处。河南省的资源富集区城市不仅矿产资源丰富，旅游资源也很多，见表12－2。其中，洛阳、濮阳和南阳等城市既是资源富集区，又是国家历史文化名城，仅南阳市就拥有武侯祠、云露山等15个4A级风景区，旅游资源非常丰富。除此之外，《全国资源型城市可持续发展规划（2013～2020年）》将焦作市云台山风景名胜区和河南省平顶山市尧山—中原大佛景区划为资源型城市重点旅游区，大力推动河南省资源富集区城市依靠自身的资源产品优势，发展生态环境优良的休闲度假旅游。据统计，河南省资源富集区的旅游资源不仅种类全、数量多，而且资源质量相对较好，开发潜力大。如果河南省对本省的资源富集区旅游资源加以合理规划，同时，借助现代化网络媒体资源进行大规模的产品宣传，相信旅游产业会成为河南省资源富集区城市服务业的一大绿色支柱产业，同时有助于提高资源富集区城市的招商引资能力和对外开放度，从而对资源富集区城市实现顺利转型起到推动作用。

表12－2　河南省资源富集区景区分布情况

国家历史文化名城	
洛阳、安阳、南阳、濮阳	
国家5A级旅游景区	
洛阳	龙门石窟、白云山、老君山—鸡冠洞、龙潭大峡谷
焦作	云台山—神农山—青天河
安阳	殷墟
平顶山	尧山—中原大佛
南阳	中国西峡恐龙遗迹园—伏牛山—老界岭
安阳	红旗渠—太行大峡谷
国家4A级旅游景区	
南阳	武侯祠、鹳河漂流风景区、赊店古镇、内乡宝天曼、内乡县衙、宝天曼峡谷漂流、国际玉城、香严寺、南召宝天曼、老君洞、龙潭沟、五朵山、云露山、方城七十二潭、花洲书院
洛阳	白马寺、关林、养子沟、重渡沟、黛眉山、隋唐城遗址植物园
安阳	安阳洹水湾温泉旅游区
三门峡	虢国博物馆、函谷关、豫西大峡谷、天鹅湖
焦作	嘉应观、圆融寺、黄河文化影视城
鹤壁	云梦山、古灵山、大伾山
濮阳	戚城、濮阳绿色庄园
平顶山	画眉谷

12.4 地区经济转型的模式研究
——以河南省焦作市为例

在中国，按照利用资源种类的不同，资源富集区城市大致可以分为：煤炭城市、有色冶金城市、黑色冶金城市、石油城市、森工城市等，这类资源富集区城市在中国共有262座。中国国家发展和改革委员会分别于2008年3月、2009年3月、2011年11月、依次确定了12个、32个、25个资源枯竭型城市。在这三批资源枯竭型城市名单中，有69座资源型城市目前的矿产资源累计开采量已经达到了矿产资源总储量的70%以上，表示其已经进入了资源开发的末期阶段。然而，在中部典型的资源枯竭型城市中，焦作市不仅是中国典型的转型成功的煤炭资源型城市，而且曾经面临过“矿衰城废”的困境，因此，其具有非常特殊的地位，对于焦作市的转型模式研究具有非常重要的现实意义。本章结合河南省焦作市这一典型的资源富集区城市，根据其经济转型模式和转型路径等来探讨资源富集区的经济转型，以期为其他资源富集区转型提供更多借鉴。

12.4.1 研究区域概况

1. 地理位置与行政区划

焦作市位于河南省西北部。现辖沁阳、孟州两个县级市，温县、博爱、武陟、修武四县，山阳、解放、中站、马村、高新区五个城区。

2. 自然地理环境

焦作市处于太行山脉与豫北平原的交界地带，地势呈北高南低态势，北部为山区，南部为黄河冲积平原，地形变化较大，地貌类型多样。

3. 资源状况

焦作市因煤而建，因煤而兴，煤田东起修武，西至博爱，南接武陟，为单一的优质无烟煤，是化工工业和钢铁工业的理想原料。新中国成立以来，焦作市一直是全国著名的煤城，属于典型的资源富集区城市。焦作市除了煤炭资源丰富之外，其他资源，如水资源、土地资源、生物资源和旅游资源等也很丰富。

12.4.2 焦作市经济转型模式

1. 焦作市经济转型前存在的主要问题

焦作市建立于1956年，是新中国成立后按照“一矿一市”“一市一业”模式建立起来的资源富集区城市。早在建市之初，焦作市就依托当地的煤炭资源禀赋，以煤炭工业体系为基础，形成了与之相配套的工业基础设施体系。在焦作市煤炭矿产资源开采的鼎盛时期，其煤炭的年产量超过了1 000万吨，位列于中国最重要的煤炭资源型城市之列，焦作市也由此兴起了一批以煤炭产业为基础产业的重化工业企业。1995年，焦作市达到矿产历史发展的鼎盛时期，此时拥有煤炭资源型企业1 233个，相关从业人数8.8万人，占全市从业人数总数的21.56%，资源型企业增加值比重占全市工业增加值的90%以上。

但是煤炭属于不可再生资源，经年累月的挖掘使得焦作市的煤炭资源储量越来越少，在煤炭资源逐步枯竭背景下，特别是国家产业结构升级的市场需求要求更多的高新技术产业，因此以煤炭产业为主导经济产业的焦作市陷入了发展困境。焦作市突破传统发展路径力求转型的愿景与现实中庞大冗杂的重工业经济体系之间的矛盾日益突出，出现了一系列社会经济问题。主要表现在以下几方面。

（1）煤炭资源面临枯竭，缺乏接替产业。

在转型之前，煤炭工业一直是焦作市的主导产业，煤炭工业企业一直是焦作市地方政府财政收入的主要来源，同时解决了很大一部分当地居民的就业问题，不仅对国家经济发展做出了巨大贡献，对社会的和谐稳定也功不可没。然而从20世纪末开始，随着焦作市矿区挖掘工作的深入，当地煤炭资源储量大量减少，甚至濒临枯竭，而此时的焦作市工业经济结构比较单一，接续替代产业尚未形成，地区经济随着煤炭工业的衰退而衰退，带来的社会矛盾和社会问题相当突出。

（2）经济总量小，经济发展停滞不前。

资源型城市经济转型前，在煤炭资源型产业的支持下，焦作市的城市GDP总量一直徘徊在200亿元左右，并且经济增长率持续保持在4%左右。但在20世纪最后两三年，随着煤炭资源的枯竭，造成煤炭资源型产业开始衰退，竟使焦作市 GDP 呈现逐年递减的趋势，这个趋势在 1999 年达到了最低点，此时焦作市的 GDP 增幅达到了历史最低点，为 -15.60%，出现了经济的负增长。GDP 的降低，使焦作市的经济发展陷入恶性循环，经济低迷不振，人民生活水平和生活质量不断下降，购买力得不到提高，经济发展中的有效需求也得不到提升，其经济发展转型迫在眉睫。

（3）产业结构不合理，产业比例失调。

在 1996 年，焦作市的三次产业结构比例是 16∶61∶23，第二产业明显偏重。尽管在后来的经济发展中经过调整，第一产业和第三产业的比例有所上升，但幅度不大，产业结构的比例依然处于严重失调的状态，三次产业结构呈现“两头小，中间大”的特点，三次产业结构调整的任务依然非常艰巨。从产业经济的内部工业结构来看，“重工业过重，轻工业过轻”的特点相当明显，再次深入从重工业内部构成来看，重化工业主要以煤炭开采和煤炭资源产品初级加工为主，显现出典型的资源经济产业结构，焦作市城市发展的支柱主要依赖于煤炭行业。

2. 焦作市经济转型路径分析

焦作市进行资源型城市经济转型的重点就是实现接续替代主导产业的无缝转换，其经济转型过程中根据本地经济发展条件和基本特色，采取了适合自身现实情况的转型路径，主要措施有以下几点。

（1）将产业结构调整作为转型的主要任务。

长期以来，焦作市主导产业是煤炭资源型产业，然而随着资源储量的衰退，煤炭资源型产业也开始衰落，加上煤炭产业以外的其他产业尚处于萌芽发育阶段，这让资源衰退后的焦作市经济发展饱受困顿之苦。焦作市在转型中既要保障接续替代产业的茁壮成长，又要保障传统煤企的顺利过渡，稳定社会环境，转型的压力和困难程度可谓巨大。从发展情况来看，焦作市培育和发展的支柱产业已经取得了一定成效。到 2004 年，作为接续产业之一的农副产品深加工工业增加值已经超过了能源工业产业的增加值。这表明，只有推动接续主导产业的发展壮大，采煤业的比重才会下降，这时候培育接续主导产业的进程才算取得成果。

由于有了煤炭资源型产业一业独大的“前车之鉴”，使得焦作市在经济转型中认识到，如果接续替代产业仍旧采取单一性质的主导产业，那么焦作市将会重新陷入新的产业结构单一的误区。于是在转型初期，焦作市就极力避免产生接续替代产业“一业独大”造成的产业畸形，着力构筑接续主导产业与其他产业共同发展的经济格局。

（2）将科技进步和创新作为转型的支撑条件。

焦作市在转型过程中，始终牢牢抓住“科技是第一生产力”这一理念，通过科学技术创新为经济转型提供有力支持。首先，焦作市实施重点科技发展计划。先后组织实施了汽车转向节和气动制动系统等一批重点科技攻关项目和高新技术产业化项目。同时，针对全国各大高校和科研机构开展产学研活动。先后邀请全国大专院校、科研单位及著名研究院的专家教授数百多人次来焦作市进行考察调研、做学术报告和项目发布。

（3）将环境建设作为转型的发展平台。

首先是要加强软环境建设。一是重塑城市活力，增强人们的转型信念。经济转型之初，焦作市所面对的最大困难是资源枯竭导致的经济落后给焦作市人口带来的悲观失望的精神状态，为此，焦作市政府采取各种措施注重于恢复人们的信念，激励创业、奖励创造、鼓励创新，积极培育转型文化、创业文化、先进文化，激发社会活力和转型活力。二是实施开放战略。积极开展对外经济技术交流和合作。通过积极营造良好的环境，充实完善招商项目库，提高对外开放层次，引进大项目、高科技项目。目前，焦作市已吸引一些国内外优秀企业来焦作投资发展，全市对外开放和招商引资呈现出良好的发展前景。三是完善城市政策。转变政府职能，截至 2015 年底，焦作市所辖的 10 个县市区、117 个乡镇和办事处全部建立了行政服务中心或便民服务中心。使焦作市在河南省内率先形成了市、县、乡相互连通的三级行政服务快速通道，政府的管理职能变成了服务职能。其次，加强城市硬环境的建设。焦作市在推进城市转型的活动中，围绕把焦作市建设成山水园林式城市的奋斗目标，大力开展城市环境优化活动。同时，城市的基础设施进行了改造和扩建，完善了城市配套功能，增强了辐射带动能力，使城市的整体实力不断得到提高。

（4）把构建和谐社会作为转型的重要目标。

焦作市在经济转型中充分认识到改革、发展、稳定的关系，积极构建和谐焦作。一是大力实施再就业工程，鼓励自主创业。经过几年的努力，采取培训上岗、提供就业岗位等措施，城镇登记失业率得到控制。同时通过制定优惠政策、提供方便等办法，积极鼓励下岗失业人员自主创业，激发了全民创业激情。二是健全社会保障体系，建立了综合性就业服务平台。实现了市、县、乡三级低保管理网络化。三是关注民生。焦作市通过对小煤矿的资源整合，有效治理了滥采乱挖、无序开采问题，保护了环境。同时，投资实施矿区沉陷区综合治理项目，对矿区沉陷区进行综合治理、复垦、复耕，实现矿区与生态环境的协调发展，彻底改善了矿区人民的生活环境。

3. 焦作市经济转型的基本情况

焦作市在经济转型过程中，着力用发展的办法规避矛盾、解决问题、促进转型。几年来的转型实践，使焦作市实现了快速发展。自2006～2015年转型的10年间，GDP年均增长率达到17%。焦作市经济增长情况如下。

（1）焦作市GDP增长情况。

纵观焦作市近20年发展变化趋势，可以看出1996～2005年焦作市经济发展处于低迷徘徊状态，基本保持在500亿元以下。2006年后经济总量出现了高速增长的势头，年平均国内生产总值保持在1 333亿元以上，GDP的平均增长率为12%。然而焦作市的GDP增速却不是非常稳定，呈现出一种增速总体下降的波动趋势，说明焦作市的经济转型还需更加努力。

（2）焦作市三大产业走势。

经济转型伊始，焦作市抓住机遇依托资源，构筑新的主导产业，逐步实现煤炭资源枯竭型城市的战略转型，产业结构得到优化。焦作市的经济发展由基础原材料生产阶段过渡到对能源资源进行深加工的工业化中期阶段，重工业在工业结构中占据主导地位。

2006～2015年，焦作市三大产业发展缓慢，见图12－1。其中，第一产业比重变化不大，但有逐步下降的趋势，这与经济转型中，工业值的下降有关。但是，要看到第一产业所占比重一直较低，只有10%左右。2013年是重要的转折点，这一年中第二产业的比重开始下降，第三产业的比重开始上升。然而，第二产业则是先升后降，这与资源产业的转型有关。第三产业与第二产业相反，呈现出先降后升的状态，这与转型中大力发展旅游等产业有关。

在三次产业的增长总量上，焦作三大产业都出现了增长势头，见图12－2。其中，以第二产业的增幅最大，其平均值为874亿元；第一产业增长缓慢，其平均值为104亿元，而第三产业则是稳中上升，其平均值为354亿元。虽入第一产业所占比重一直走低，但是第三产业的比重却是稳中有升。

但是，我们可以清楚地看到第二产业产值较大，无论是在三次产业比重中还是在三次产业总量中，第二产业都具有绝对优势，可见，焦作市的产业结构仍然不尽合理。

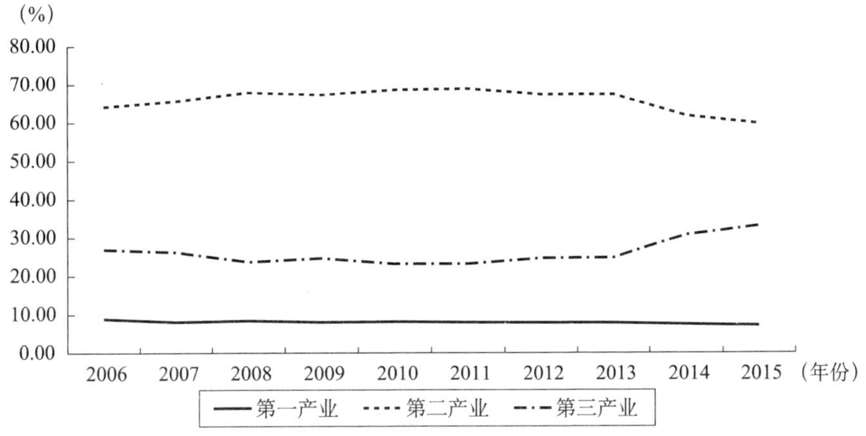

图 12-1 焦作市 2006~2015 年三大产业比重

资料来源：历年焦作市统计年鉴。

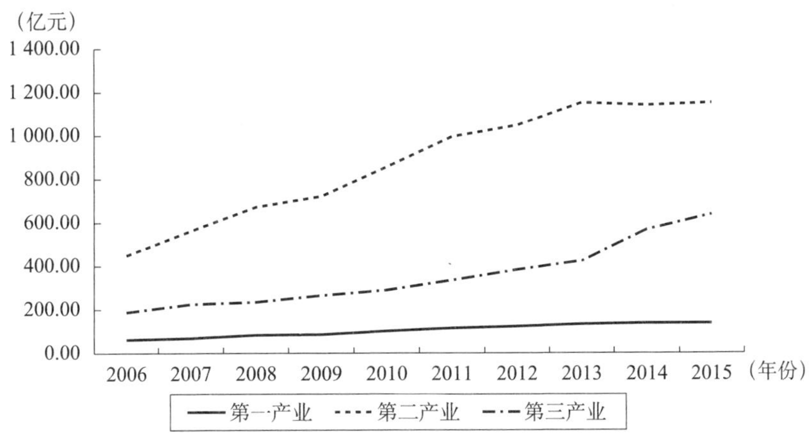

图 12-2 焦作市 2006~2015 年三次产业趋势

资料来源：历年焦作市统计年鉴。

(3) 焦作市居民收入水平。

本节分析了 2001~2016 年的焦作市城镇居民人均可支配收入水平和农村居民的人均纯收入水平，见图 12-3。由图可知，2001~2016 年焦作市的城镇居民人均可支配收入和农村居民人均纯收入都实现了较大增长。其中，焦作市城市居民人均可支配收入为 14 563 元左右，共增长了 496%，表明城镇居民收入大幅增长。在此期间，农村居民人均纯收入年均 7 319 元，共增长了 455%，表明农民收入不断提高，但是与城镇居民相比，农民纯收入增幅不大，且双方差距在扩大。

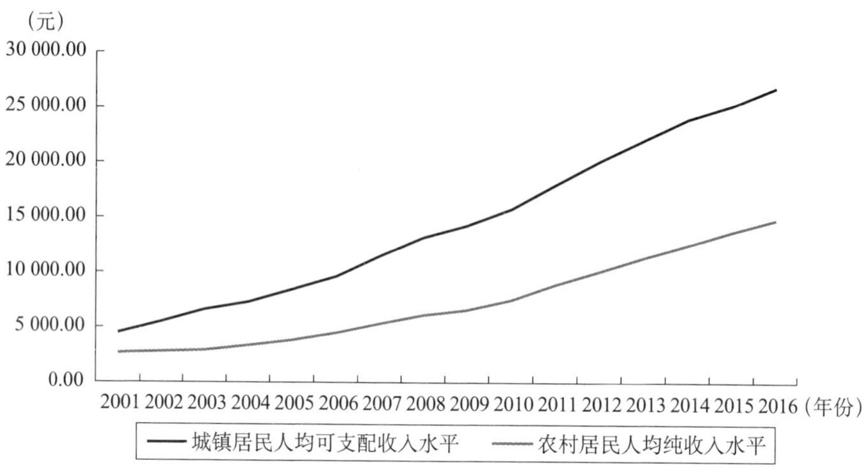

图 12-3 焦作市居民收入水平

资料来源：历年焦作市统计年鉴。

（4）焦作市固定资产投资情况。

本章分析了2006~2016年，焦作市固定资产的投资变化情况，见图12-4。由图12-4可知，1996~2002年焦作市的固定资产投资表现低迷，投资总额增加不明显，这主要是受到资源枯竭、产业单一导致居民收入降低的影响。自2003年开始，焦作市的固定资产投资额度开始高速增长，这与焦作市大力实施经济转型有关。1996~2016年，焦作市固定资产投资年平均完成629.9亿元，共增长了539%。在此期间，焦作市紧紧抓住国内扩大内需、增加投入的有利机会，不断增加项目建设，以加强城乡基础设施建设为重点，城乡投资都实现了快速增长，城乡环境改善明显。

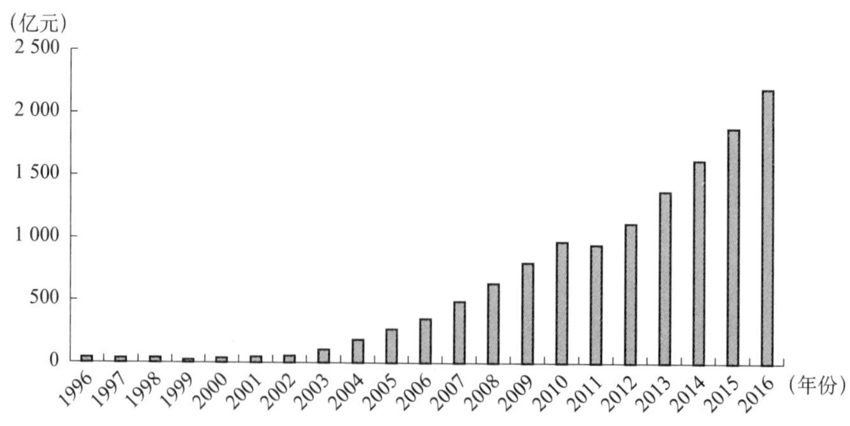

图 12-4 焦作市固定资产投资情况

资料来源：历年焦作市统计年鉴。

（5）接续主导产业框架初步形成。

在经济转型期间，焦作市依托丰富的资源优势，逐步形成了以非金属矿物制品业、汽车制造业、医药制造业、化学工业、农副产品深加工业等为支柱的新型工业体系。五大支柱产业占工业经济总量的比重保持在 67.8% 左右，对 GDP 增长的贡献率稳定在 30% 左右。焦作市的重点工业企业多存在于支柱产业中，2016 年河南省工业综合实力百强企业排名中，焦作市有 10 家企业入围，其中，有 9 家企业属于五大支柱产业。

12.5 地区经济新型转型模式的对策支撑研究

河南省的资源富集区城市是伴随不断加速的工业化进程出现的客观现象。工业化的过程，事实上是对矿产资源大规模开发和加工利用的过程。人类社会在经历了主要依靠土地资源的漫长的农业社会之后，缘起于 18 世纪初的工业革命开启了大规模开发和利用矿产资源的过程。短短二百多年的时间，一部分国家率先进入了工业化时代，即使发达国家正在兴起的信息化浪潮，也必须依托工业文明所创造的物质基础。人类社会从主要利用土地资源到开发和利用矿产资源，再到目前开发和利用人力资源和信息资源，这个过程绝不是非此即彼，而是一个不断进步、不断承继的过程。大规模开发和利用矿产资源，矿产资源就必然会枯竭，矿产资源枯竭，就必然出现资源枯竭型城市，有资源枯竭型城市，也就必然会有资源枯竭型城市的转型问题。因此，资源枯竭型城市的产生是一个自然的、历史的过程，推动资源枯竭型城市转型，也就是推动资源枯竭型城市从主要依靠矿产资源开发转向发挥其他优势资源的作用，实现可持续发展的过程。

1. 放宽转型视野

（1）必须放到经济全球化的背景下来考虑。

经济全球化，意味着市场机制配置资源在世界范围内发挥作用。经济全球化先是资源配置的全球化，其中也包括矿产资源。特别是随着特大吨位远洋货轮的使用，使得矿石运价变得相对低廉，为市场在全球范围内配置矿产资源提供了有利条件。由此，资源禀赋所带来的区域优势开始弱化，工业区位的一些决定因素，在新的条件下开始动摇。这些为河南省资源富集区城市的经济转型提供了更大的发展空间，也就是说，即使本地资源枯竭了，也可以通过在全球范围内采购矿产资源，来延续城市产业，但在发展方式上更需要集约化，更需要延伸产业链条，逐步构筑资源型城市新的竞争优势。

（2）必须放到我国正在加速的工业化和城市化背景下考虑。

改革开放以来，经过 30 多年的发展，我国已经进入了工业化和城市化的加速期。工业化必然带动城市化，城市化是工业化的必然结果。我国目前城乡二元结构已经被冲破，城乡一体化已是大势所趋。资源富集区城市作为一种特殊的城市类型，当时是在计划经济条件下形成的，城市本身的功能不够完善，城市与区域之间经济联系非常松散，但缺点也是优势。毕竟资源富集区城市已经具备了基本的城市功能，在城乡一体化不断加快的新形势下，推进资源富集区城市转型，虽然矿产资源总会枯竭，但城市的聚集功能不会消失，可以发挥区域信息中心、商品集散中心和人居功能，推动周边区域的人流向城市集中，进而带动城市中新产业的出现，实现城市转型。

（3）必须放到区域协调发展的角度考虑。

从区域发展角度看，资源型城市转型绝不是一个孤立的问题。以开采加工为主的资源富集区城市，是在传统工业化大规模推进的特定历史条件下出现和形成的，这种经济聚集体往往与周边区域的发展相脱节，资源富集区城市对区域经济的拉动作用极其微弱，周边区域对资源富集区城市的产业发展也没有形成强有力的支撑。区域协调发展的本质，就是要推动城市与周边经济的互动。资源富集区城市转型，就是要加快从主要依托自然资源转向重新构造城市功能，发挥城市资金、信息、物流的辐射作用，实现城市经济与乡村经济的有机融合，促进区域发展。这就需要资源富集区城市重新挖掘优势，完善城市的服务功能，推进产业转型。

（4）必须以构建人与自然、环境和谐为目的。

从一定角度看，人类文明的发展史也是城市的发展史。从城市最初的防御功能，到农业文明时代交换物品的集市功能，再到工业时代的大规模工业生产所需要的聚集功能，城市的发展留下了人类文明不断前进的足迹。资源富集区城市转型的一个根本目的，就是要构建适宜于人居的和谐城市。一般来讲，资源型城市是以资源存在为前提形成的，位居偏远，交通不便，但采掘业一般需要大量的人力，形成了聚居。特别是我国当时在计划经济条件下，“先生产后生活”，城市的基础设施建设比较滞后，城市环境比较恶劣。在工业化前期，城市实际上成了污水横流、空气污浊、疾病蔓延的代名词，特别是资源富集区城市更是如此。碧水蓝天、绿树掩映、空气清新，是人类所向往的，也许有人会说古朴的江南小镇本来就是这样的，但人类历史前进的脚步不会停留，工业文明带给人类的舒适也是农业文明所远远不及的，城市目前已经成为人类聚居的一个主要场所。所以，在资源型城市转型中，一定要完善人居功能，实现人与自然、环境的和谐。

2. 加快体制创新

城市管理是一个系统工程，涉及经济、社会等方方面面。特别是在资源富集区城市的形成过程中，由于管理体制不完善，遗留问题很多，必须从制度层面和体制层面进行创新。

（1）树立“经营城市”的理念。

经营城市，其核心就是要打造城市发展的新优势。对于资源富集区城市来讲，经营城市就是要把过去主要依靠矿产资源开发转换到依靠土地、科技、人力资源等方面的开发上来，打造城市竞争的新优势。资源枯竭型城市，顾名思义，是过去城市赖以生存的矿产等自然资源枯竭了，但并不意味着城市所有资源的枯竭。资源富集区城市的一般特点都是土地资源比较丰富，经过多年发展，城市基础设施也比较完备，可以通过土地整理，将原来的矿业用地转换为宜农用地、居住用地，等等。同时，资源型城市的技术人才和技术工人比较密集，可以充分利用他们掌握的知识和技术，发展有关联性的产业，实现产业转换。矿业是劳动密集型产业，人力资源比较丰富，成本低廉，政府通过加强引导，发展服务业、物流业以及为城市服务的产业，一方面，充分吸纳劳动力就业；另一方面，可以使城市服务功能更加齐备，将资源富集区城市转换为更适宜人类居住的城市。

（2）创新城市管理体制。

城市管理是一个复杂的系统工程，必须统筹考虑。制度重于技术，对于资源富集区城市而言，一个工作重点就是要加快城市管理体制创新。由于河南省的资源富集区城市大多是在传统计划经济条件下设立的，在管理体制上都带有计划经济的印迹，重生产轻生活、将企业管理的方式方法生搬硬套在城市管理上，甚至有些企业的负责人也是城市的管理者，这种管理体制已经严重不适应当前城市管理的需要，必须进行改革创新。推进城市管理体制转换，就是要围绕打造城市的核心竞争力来进行。城市管理体制包含多方面内容，包括户籍管理、土地开发、城建管理、人力资源开发、科技创新、基础设施建设、服务业发展等，是一个复杂有机的系统工程。资源富集区城市管理体制创新最核心的内容，就是要加快这些专业管理体制的转换，尽快转到适应市场经济发展的新轨道上来。

（3）打造资源型城市竞争的新优势。

城市之间的竞争，说到底是自身实力的竞争，可以分为硬实力和软实力。资源富集区城市原来最大的优势就在于有矿产资源以及由其派生出来的矿产初加工和深加工，现在失去的也恰恰是这一部分，由于矿产资源的枯竭，矿产加工企业就成了无源之水、无本之木。从理论上讲，这就是原来资源富集区城市的“硬实力”。要实现资源富集区城市的优势替换，也就是要将失去资源依托后形成的劣势重新找出替代资源，培育或形成新的优势。从一定意义上讲，资源富集区城市，正是因为过去所具有的矿产资源的巨大优势，将其他方面的比较优势掩盖了。寻找资源富集区城市的新优势，既可以从其原来就有的比较优势中去寻找，也可以在现有的基础上去加紧培育。由于资源富集区城市所处的地理位置不同，即使资源枯竭了，也可能由于适宜于现代农业开发、人类居住、旅游开发等，易于形成新的竞争优势。但转换最快的还是发展原来矿产品的深加工。毕竟，原来有人才和技术储备，只要实现了产业结构的转换，就能够很快形成新的竞争优势。

3. 加强政府支持

河南省的资源富集区城市毕竟是在我国特殊的历史条件下形成的，要解决这个问题，不可能单纯依靠市场机制，必须充分依靠政府的政策扶持。

（1）政府的制度支持。

随着河南省进入工业化中期，资源枯竭的矿山越来越多，资源富集区城市转型已经成为一个普遍性的问题，必须建立完善的制度体系加以支持。其中包括资源产权制度、资源产权交易制度、资源财富管理制度以及与人力资本相关的制度、与创新相关的制度、与资源开发的代际公平相关的制度、与资源的流动性和效率有关的制度、与资源开发行为相关的制度等。对资源富集区城市转型的制度建设至关重要，这是实现资源富集区城市转型的基础。我国目前在这方面虽然也出台了一些办法，但散见于各类文件之中，没有形成科学的体系。为此，必须进行制度创新，建立针对资源富集区城市转型的制度基础。

一是要改革现行的资源产权制度，全面推行自然资源有偿使用制度，推动资源资本化和资源产权交易市场化，建立事先防范资源开发过程中环境破坏和资源浪费行为的机制和制度。二是要完善资源环境补偿制度，改革资源税制，引入矿产权利金、出让金、抵押金制度，研究开征资源环境保护税。三是健全资源财富管理制度，设立稳定基金和储蓄性后代基金，以备在资源枯竭时弥补政府预算收入不足和资源枯竭型城市的经济转型。四是要建立资源收益分配制度。

（2）政府的政策支持。

资源富集区城市转型需要相关的政策配套，就是要通过政策的引导、激励、规范和限制作用，推进资源富集区城市的产业层次提升和能力强化。这里的政策支持，决不仅指具体的政策措施，而是一套政策体系。资源枯竭是这类城市的最突出特征，政策支持的出发点肯定是要制定必要的财税、产业援助、资源环境补偿政策等，但更重要的是需要就业和社会保障、城市基础设施建设、产业重新规划和布局、人力资源开发与区域经济融合等方面的大政策。通过这些政策支持，加快培育资源型城市的内生能力。

（3）国家的法律支持。

加快立法是实现资源富集区城市转型的保障。在我国目前的经济和城市规划法律体系中，对资源富集区城市转型的立法还是一个空白点。但资源富集区城市问题在河南省以及在全国都不是个别现象，必须上升到法律层面来加以规定。在这方面，国外资源型城市的一些成功做法，为我们提供了可资借鉴的经验。加快我国资源富集区城市转型立法，可以从以下几方面入手：一是围绕矿产资源的开发利用，对资源所有、使用、补偿等方面作出相应的制度规定，明确责任和开发利用机制；二是围绕资源富集区城市的经济转型和产业振兴，对城市产业选择、空间布局和必要的政策扶持作出相应的制度规定；三是围绕资源富集区城市的城市建设，对城市空间划分、土地再利用、基础设施建设和必要的制度支持做出相应规定。

4. 因地制宜加以实践

总的来说，资源富集区城市经济转型的目标是实现可持续发展，但对不同的资源富集区城市转型目标也是很不相同的。比如，地处东部经济发达省份的资源富集区城市，由于城市与城市之间、城市与区域之间的经济联系非常紧密，在产业结构调整、产业发展方向、人员流动等方面也都较为便利，资源富集区城市转型的目标选择空间就相对大一些。但对于“孤岛型”或

“飞地型”的资源富集区城市，尤其是以河南省资源富集区为代表的内陆城市，由于周边区域关联产业少，地处偏远，资源富集区城市经济转型的目标选择就相对单一，可能只有依靠自己的调整和发展。

一般而言，城市发展最需要的是空间，无论是产业发展还是建设宜居城市，都需要充足的发展空间。相对而言，制约资源富集区城市转型的主要因素并不是空间，而是制度、体制、资金和人才。为此，推进资源富集区城市转型需要坚持的原则应该包括可持续发展、合理布局、产业重构、体制创新、环境和生态良好等方面。然而，资源富集区转型最重要的原则应该是实事求是，因地制宜，根据当地实际情况加以实践。本书论述资源富集区城市转型的相关对策，并非说每一个资源富集区城市在转型过程中都必须同时运用，而只是为资源富集区城市转型提供了几种对策选择，既可以选择一种，也可以同时选择几种，但必须有所侧重。至于具体到每一个资源富集区城市，在转型过程中选择哪一种形式，并不能一概而论，只能让每个资源富集区城市在经济转型过程中根据实际情况做出选择。

总之，资源富集区城市转型是一个历史性的难题。人类从农业社会到工业社会的根本性转变，在使人类生活水平不断提高的同时，对大自然的索取也在呈几何级数增长，我们在欢呼对大自然的胜利的同时，事实上大自然也在用洪水、地震、沙尘暴、飓风、地球变暖、海平面上升等自然灾害，在一次又一次警示和报复着人类。资源富集区城市的枯竭与转型，只不过是以一种比较极端的方式给人类的另一种警示，如何学会与自然和谐相处，如何实现人与自然、环境的和谐发展，从而保持人类社会的可持续发展，是我们需要进一步探讨的重大课题。

参考文献

[1] 车晓翠，张平宇．基于多种量化方法的资源型城市经济转型绩效评价——以大庆市为例［J］．工业技术经济，2011，30（2）：129－136.

[2] 车晓翠，张平宇．资源型城市经济转型绩效及其评价指标体系［J］．学术交流，2011（1）：94－96.

[3] 陈功．浅谈企业财务预警系统的构建［J］．华东经济管理，2000（05）：83－84.

[4] 崔立志．能源、经济和环境作用机制及其实证分析［J］．工业技术经济，2013，32（1）：32－40.

[5] 阜新市产业结构调整及发展战略规划课题组．阜新市产业结构调整与可持续发展战略研究［J］．中国人口·资源与环境，2000（3）：72－76.

[6] 巩芳，石丽姣．内蒙古矿产资源开发与生态环境的耦合研究——基于系统动力学模型［J］．资源开发与市场，2014，30（8）：963－967.

[7] 顾晓安．公司财务预警系统的构建［J］．财经论丛（浙江财经学院学报），2000（04）：65－71.

[8] 郭淑芬，马宇红．资源型区域可持续发展能力测度研究［J］．中国人口·资源与环境，2017，27（7）：72－79.

[9] 郭淑芬．从"全产业链"逻辑视角破解"资源诅咒"［J］．经济问题，2016（10）：2.

[10] 郝祖涛，冯兵，谢雄标，冯忠垒，王莹．基于民生满意度的资源型城市转型绩效测度及群体差异研究——以湖北省黄石市为例［J］．自然资源学报，2017，32（8）：1298－1310.

[11]［美］H. 钱纳里，S. 鲁宾逊、M. 赛尔奎因．工业化和经济增长的比较研究［J］．上海三联书店，1995.

[12]［美］H. 钱纳里．发展的型式（1950～1970）［M］．北京：经济科学出版社，1988.

[13] 黄南，张二震．经济转型的目标、路径与绩效：理论研究述评［J］．经济评论，2017（2）：150－160.

[14] 黄毅．资源型经济转型与资源诅咒的化解［J］．云南社会科学，2009（2）：87－91.

[15] 江小娟. 论我国产业政策调整的实效和调整机制的转变 [J]. 经济研究，1991 (2)：9 – 15，68.

[16] 李汝资，宋玉祥，李雨停，于婷婷. 吉林省资源型城市转型阶段识别及其特征成因分析 [J]. 地理科学，2016，36 (1)：90 – 98.

[17] 李瑞，胡留所，L. G. Melnyk. 生态环境经济损失评估：生态文明的视角——以陕北资源富集区为例 [J]. 财经论丛，2015 (9)：11 – 17.

[18] 李婉琳，孔祥利. 基于熵权法的资源型地区技术创新能力与经济转型绩效研究 [J]. 科技和产业，2016，16 (1)：110 – 116.

[19] 李小燕，吴少平，杨丰梅. 企业财务危机预警分析模型的比较研究 [J]. 金融科学，2001 (02)：6 – 8.

[20] 梁红岩，董威励. 生态环境视角下资源型地区产业转型效率评价——以山西省为例 [J]. 湖北师范大学学报（哲学社会科学版），2017，37 (4)：59 – 64.

[21] 路卓铭，于蕾，沈桂龙. 我国资源型城市经济转型的理论时机选择与现实操作模式 [J]. 财经理论与实践（双月刊），2007，28 (5)：102 – 108.

[22] 罗斯托. 从起飞进入持续增长的经济学 [M]. 成都：四川人民出版社，1988.

[23] [美] 德内拉·梅多斯，乔根·兰德斯，丹尼斯·梅多斯著，李涛，王智勇译. 增长的极限 [M]. 北京：机械工业出版社，2013.

[24] [美] 西蒙·库兹涅茨. 现代经济增长 [M]. 北京：北京经济学院出版社，1989.

[25] 庞智强，王必达. 资源枯竭地区经济转型评价体系研究 [J]. 统计研究，2012，29 (2)：73 – 79.

[26] 平顶山市统计局. 平顶山统计年鉴 2015 [M]. 北京：中国统计出版社，2016.

[27] 齐建珍. 资源型城市转型学 [M]. 北京：人民出版社，2004.

[28] 全国资源型城市可持续发展规划（2013 ~ 2020 年）。

[29] 尚小春，张波. 关于资源型地区资源租使用的研究综述 [J]. 经济研究导刊，2016 (27)：51 – 52.

[30] 陶长江，李响. 资源型城市旅游转型评价指标体系构建及实证研究——以攀枝花市为例 [J]. 成都大学学报（社会科学版），2014 (6)：11 – 16.

[31] 田高良，左大海，张世晨. 企业财务风险预警系统研究 [J]. 西安邮电学院学报，2001 (4)：45 – 49.

[32] 田高良，王晓强，赵红建. 企业财务预警方法评析 [J]. 预测，2002 (6)：23 – 27.

[33] 田原，孙慧. 低碳发展约束下资源型产业转型升级研究 [J]. 经济纵横，2016 (1)：45 – 48.

[34] 王晶. 矿产资源经济预警研究——以内蒙古煤炭为例 [J]. 经济研究导刊，

2015 (9): 46 – 50.

[35] 王娟. 资源型地区产业转型评价研究 [D]. 太原: 山西大学, 2014.

[36] 王凯俊, 刘庭兵, 高锦. 资源型城市经济转型评价及路径研究——以延安市为例 [J]. 西部金融, 2017 (4): 44 – 47.

[37] 王其藩. 系统动力学 (2009 年修订版) [M]. 上海: 上海财经大学出版社, 2009.

[38] 王奇, 叶文虎. 可持续发展与产业结构创新 [J]. 中国人口·资源与环境, 2002 (1): 11 – 14.

[39] 王强. 企业失败研究 [M]. 北京: 中国时代经济出版社, 2002.

[40] 王巧莉, 韩丽红. 基于 DEA 模型的资源型城市产业转型效率研究——以东北三省地级资源型城市为例 [J]. 资源与产业, 2017, 19 (1): 10 – 16.

[41] 王胜文, 徐宏义等. 新形势下资源富集型城镇持续发展的问题与对策 [J]. 平顶山市人民政府研究室, 2012.

[42] 王艳秋, 胡乃联, 苏以权. 我国资源型城市绿色转型能力评价 [J]. 技术经济, 2012, 31 (5): 72 – 76.

[43] 王毅. 我国资源型城市智慧化转型路径 [J]. 城市管理与科技, 2017, 19 (2): 34 – 36.

[44] 王炤坤. 科学发展观视野下资源型地区经济转型路径研究 [J]. 山西财经大学, 2013.

[45] 王志宏, 李成军, 李芳玮. 煤矿城市转型时机选择 [J]. 辽宁工程技术大学学报, 2005, 24 (6): 927 – 928.

[46] 我国资源富集区城镇经济结构转型研究 [J]. 国家计划经济委员会宏观经济研究院的研究报告, 2002.

[47] 吴冠岑, 刘友兆, 付光辉. 可持续发展理念下的资源型城市转型评价体系 [J]. 资源开发与市场, 2007 (1): 28 – 31.

[48] 吴少平, 李小燕. 谈财务危机预警分析指标的确定标准 [J]. 金融科学, 2000 (01): 16 – 17.

[49] 夏文清, 孙久文. 资源型地区转型衡量和方式研究——以山西省为例 [J]. 城市发展研究, 2012, 19 (4): 17 – 20.

[50] 许松涛, 肖序. 环境规制降低了重污染行业的投资效率吗? [J]. 公共管理学报, 2011, 8 (3): 102 – 114, 127 – 128.

[51] 阎长乐. 中国能源发展报告 [M]. 北京: 经济管理出版社, 1997.

[52] 杨宏伟, 綦丽艳. 资源经济转型背景下山西家政服务业竞争力评价 [J]. 科技和产业, 2012, 12 (3): 1 – 4, 9.

[53] 尹牧. 资源型城市经济转型问题研究 [D]. 长春: 吉林大学, 2012.

[54] 张秋利. 第三产业促进资源型区域经济转型的机制研究 [J]. 人民论坛，2013 (20)：86－87.

[55] 张荣光，钱崇斌，王相悦. 基于熵权——TOPSIS 法的资源型城市低碳转型效率研究——以攀枝花市为例 [J]. 学海，2016 (4)：158－162.

[56] 张以诚. 矿业城市与可持续发展 [M]. 北京：石油工业出版社，1998，10 (1).

[57] 张雨浦，鞠晓峰. 产业结构调整是资源型城市经济增长的根本途径——基于黑龙江省煤炭资源型城市经济发展的研究 [J]. 学习与探索，2012 (9)：108－111.

[58] 张志杰. 成长型资源城市可持续发展研究 [J]. 中国地质大学，2015.

[59] 赵爱玲. 企业财务危机的识别与分析 [J]. 财经理论与实践，2000 (6)：69－72.

[60] 支航，金兆怀. 不同类型资源型城市转型的模式与路径探讨 [J]. 经济纵横，2016 (11)：34－37.

[61] 中国矿业——平顶山地矿文集 [J]. 中国矿业，1999。

[62] 中国社会科学院工业经济研究所. 告别短缺经济的中国工业发展 [J]. 中国工业经济，1999 (5)：5－12.

[63] 钟永光，贾晓菁，钱颖等. 系统动力学（第二版）[M]. 北京：科学出版社，2013.

[64] 周民良. 煤炭城市产业结构调整的基本思路 [J]. 经济研究参考，2002 (11)：14－18.

[65] 朱德元. 资源型城市经济转型概率 [M]. 北京：中国经济出版社，2005.

[66] 朱琳. 论企业财务预警系统的构建 [J]. 企业技术开发，2005 (2)：46－48.

[67] Zhou Bing，Jin Tao. The way the economic system is transformed and how it is determined [J]. Social Science in China，2006 (1)：97－109.